# MES ENFANTS, MES BATAILLES

Jessica Thivenin

# MES ENFANTS, MES BATAILLES

Les Éditions du Liamone

Design graphique et composition par Nord Compo
Achevé d'imprimer en juin 2022 par Aubin Imprimeur (France)
Dépôt légal : Juin 2022
ISBN 978-2-9583041-0-2

Instagram jessicathivenin

# INTRODUCTION

Dans mon précédent livre, *C'est tout moi !*, je vous ai raconté comment je me suis retrouvée dans l'émission « Les Marseillais », mes aventures et mes mésaventures avec mes premiers amours, et enfin et surtout comment j'avais rencontré Thibault, l'homme de ma vie, comment nous étions tombés amoureux l'un de l'autre, comment il m'avait demandée en mariage à New York, et enfin comment nous nous sommes ensuite installés à Dubaï.

Dans ce livre, je vous ai également confié les (grosses) difficultés que j'ai vécues dans mes relations avec certains hommes, et je me suis permis de vous donner quelques conseils, du genre : s'il lève une seule fois la main sur vous, partez, partez tout de suite, car c'est sûr qu'il recommencera.

Après la parution du livre, j'ai reçu des milliers de messages de personnes me disant combien elles avaient été touchées par mon histoire, mais aussi comment elles y retrouvaient des difficultés qu'elles avaient également connues. Surtout les violences subies par nos mecs. Beaucoup me disaient que voir qu'elles n'étaient pas les seules à avoir vécu de telles épreuves leur avait fait énormément de bien. Et aussi elles se rendaient mieux compte que ce qui leur était arrivé n'était pas de leur faute, mais que c'était leur mec, le fautif.

Aujourd'hui, Thibault et moi avons deux enfants, Maylone et Leewane. Nous sommes infiniment heureux, mais ça n'a pas, mais alors vraiment pas été facile.

Dans ce livre, je vous raconte comment tout s'est passé : mes difficultés lors de chacune de mes grossesses, les problèmes de santé de Maylone, comment il nous a fallu gérer et surmonter les stress énormes que tout cela a engendrés, comment notre couple a traversé ces épreuves, la manière de concilier notre travail, le fait que presque toute notre vie soit sur les réseaux sociaux et l'indispensable intimité qu'il nous faut préserver.

Thibault vous dira aussi comment il a vécu tout ça, ce qui est sûr, c'est que cela n'a pas été facile pour lui non plus, et je lui serai éternellement reconnaissante de m'avoir aidée et supportée pendant toutes ces épreuves.

Mon but avec ce livre est de partager mes expériences avec vous et d'essayer, dans la mesure du possible, qu'elles puissent vous être utiles, comme mon premier livre a pu l'être pour certaines personnes.

Il faut dire aussi que, pendant toutes ces épreuves, nous avons reçu des milliers de commentaires et de conseils pour nous aider à les traverser. Si quelques-uns étaient franchement déplacés voire insultants, l'immense majorité d'entre eux étaient bienveillants, encourageants, gentils, et nous ont bien aidés. C'est aussi pour remercier toutes ces personnes qui ont été si gentilles avec nous que j'ai voulu raconter la suite de mon histoire et toutes ces difficultés.

J'espère que ce livre vous plaira. En tout cas, je vous remercie très sincèrement pour l'aide que vous m'avez apportée pendant tous les moments difficiles que nous avons traversés et pour votre bienveillance à mon égard, depuis déjà si longtemps.

# ET SI ON FAISAIT UN ENFANT ?

Nous emménageons à Dubaï au début de l'année 2018. Nous nous installons dans notre nouvelle vie. C'est un vrai changement, car là-bas, tout est si différent de chez nous, en France.

Ici ça nous plaît bien. Il fait (presque) toujours beau et chaud. Parfois trop. Notre maison est grande, nous avons même une petite piscine, les chiens sont contents. Bref, tout va bien.

Entre le tournage des « Marseillais en Australie » et celui des « Marseillais vs le Reste du monde » à Marbella, on commence à parler d'avoir un bébé. Mais est-ce qu'on est prêts ? J'y pense, bien sûr, mais je me demande si je vais y arriver. Un bébé, ça change une vie, vraiment.

Ensuite, Thibault et moi commençons à en discuter sérieusement. Nous nous posons les mêmes questions : est-ce qu'on saura faire ? Est-ce que ça ne va pas trop bouleverser nos vies ? Est-ce qu'on pourra, est-ce qu'on voudra continuer la téléréalité quand on aura un enfant ? On se rassure, bien sûr, mais on ne passe pas le cap de se dire : « Allons-y. »

Et puis, au-delà de ces questions, on ne sait pas à quel moment on le ferait, car les tournages prennent beaucoup de temps. D'ailleurs, au bout de seulement quelques mois à Dubaï, je pars à Marbella pour le tournage des « Marseillais » tandis que Thibault, lui, reste à Dubaï.

# « LES MARSEILLAIS » À MARBELLA

La séparation est toujours aussi dure. Thibault m'a dit qu'il ne viendrait pas, donc je sais que je vais devoir tenir quatre ou cinq semaines. Cela risque d'être compliqué, car je suis maintenant habituée à vivre avec lui, et surtout, j'aime trop ça. Il va me manquer, c'est sûr.

Au bout de quelque temps, je commence un peu à craquer. Thibault est loin. Trop loin. Bien sûr, j'aime beaucoup jouer avec mes fratés, mais j'ai envie de rentrer. Au téléphone, Thibault me dit qu'il n'en peut plus non plus. Ça fait deux semaines que nous sommes séparés, et c'est trop long. Il reste encore plus de la moitié du tournage, et la situation commence à être très dure pour lui aussi, seul à Dubaï avec les deux chiens sous 50 degrés.

L'entendre malheureux me rend encore plus triste. Alors, je décide de rester encore deux jours, et ensuite, j'annoncerai à ma famille des « Marseillais » que je les abandonne, que je pars rejoindre mon chéri. En attendant, je ne dis rien à personne, je garde ça dans un coin de ma tête.

Le lendemain, David, de la production des « Marseillais », nous annonce que comme Kevin est parti de lui-même, il sera remplacé, et là, je vois arriver de nulle part mon Thibault. Quel choc ! Je l'ai eu deux jours auparavant au téléphone, je lui ai promis de rentrer, et finalement, c'est lui qui me rejoint ! En plus, il va participer à l'aventure avec moi. Je suis tellement heureuse ! Je vais pouvoir continuer à jouer avec mes fratés, mais aussi avec mon homme qui, pour la première fois, rejoint toute la bande.

Thibault a quitté la téléréalité avant que j'y entre, ce n'est plus son univers. C'est donc pour me faire plaisir et pour qu'on soit ensemble qu'il a fait l'effort de venir sur le tournage à Marbella, où il est resté deux jours, puis en Australie, où il est resté une semaine, et là, il me rejoint encore une fois. C'est tellement une preuve d'amour pour moi que j'en suis tout émue.

Évidemment, on se saute dans les bras, on se retrouve comme des amoureux, ce que nous sommes. Thibault retrouve aussi Julien, qui est papa. Manon et lui ont eu le petit Tiago il y a tout juste deux mois. On lui pose donc beaucoup de questions sur ce changement. Julien, qui est un papa heureux, ne nous fait que des éloges sur sa nouvelle vie. Il trouve tout merveilleux avec un enfant dans sa vie et nous conseille vraiment de passer ce cap !

Mais il y a tellement d'amour entre Thibault et moi que j'ai peur qu'il m'aime moins, qu'il ait moins d'attentions envers moi, qu'on ne passe plus autant de temps ensemble tous les deux si nous avons un enfant. Je ne veux pas perdre mon couple pour un bébé…

Julien me rassure, me dit que ça n'a rien à voir, au contraire. Pour lui, il n'y a rien de plus beau que quand sa femme porte son bébé. Son amour est différent pour l'un et l'autre : Tiago qu'il aime comme son fils, d'un amour inimaginable, et Manon qu'il aime comme une femme, comme sa femme.

Les paroles de Julien me rassurent. Thibault, lui, n'a jamais été aussi chaud, du coup. Si je l'écoutais, ce serait : « Allez, hop, c'est parti, on y va ! »

Au fil des jours, nous en discutons très sérieusement, nous nous posons toutes les questions possibles, nous pesons le pour et le contre. Finalement, après mûre réflexion, nous sommes décidés : on va le faire, ce bébé !

Après tout, nous avons tout pour être heureux et construire une famille unie. Nous nous aimons, nous avons une bonne situation financière, nos familles s'entendent hyper bien, bref, aucune raison d'attendre indéfiniment ou je ne sais quel signe extérieur qui nous dirait que c'est le bon moment.

# ON DÉCIDE DE FAIRE UN ENFANT

À partir de maintenant, fini la contraception, fini de faire attention. Nous sommes amoureux, nous voulons avoir un bébé ensemble, nous sommes prêts. Alors, on laisse faire les choses, ça viendra quand ça viendra…

En septembre, Thibault et moi partons à Bali en vacances. Ce serait bien que notre bébé soit conçu à Bali ! Une fois arrivés, on vit nos vacances tranquilles. On ne se focalise pas dessus, mais bon, on commence à se poser des questions, par exemple comment calculer la période d'ovulation, comment optimiser les chances de tomber enceinte…

En fait, sans s'en rendre compte, on commence vraiment à s'y intéresser et même à calculer. C'est incroyable comment tout ça s'est fait tout seul ! Quelques mois plus tôt, on n'arrivait pas à se projeter, on se posait plein de questions, et maintenant, on brûle d'impatience.

On rentre de Bali. Septembre passe, puis octobre, et il est temps pour moi de repartir en tournage, en Thaïlande, cette fois. Nous sommes en novembre, et toujours pas de bébé à l'horizon. Je ne dis rien à Thibault, mais je me pose mille questions.

À quelques jours de mon départ, Thibault me dit qu'il ne pense pas me rejoindre sur le tournage. Comme il est venu plein de fois pour moi, ce qui est une belle preuve d'amour, je lui réponds que cette fois, c'est moi qui rentrerai avant la fin, au bout de quinze jours environ.

On se dit au revoir, notre couple est plus soudé que jamais.

# « LES MARSEILLAIS » EN THAÏLANDE ET AU VIETNAM

Comme je vous le disais dans mon précédent livre, j'étais un peu perdue avant d'arriver à Phuket. Je me demandais s'il n'était pas temps pour moi d'arrêter la téléréalité. Mais ce tournage m'en dissuade. Ça faisait longtemps que je n'avais pas autant kiffé. Le groupe est top, les nouveaux sont naturels, pas de personnes fausses ou qui surjouent, bref un tournage vraiment fun malgré les histoires comme il y en a toujours entre nous !

Manon rejoint Julien avec Tiago. Trop chou ! Julien est le seul à être papa dans notre famille de Marseillais. Alors, il me demande où nous en sommes de ce côté-là avec Thibault. Je lui confie qu'on n'y arrive pas. Nous essayons depuis Marbella, mais ça ne marche pas. D'ailleurs, ça m'inquiète un peu.

Pour Julien et Manon, ce n'était pas provoqué, c'est arrivé tout seul et vite. Julien m'explique qu'on ne s'en rend pas compte tant que le bébé n'est pas là, mais que c'est la plus belle chose qui puisse arriver dans la vie. Il me dit : « Fonce, c'est incroyable, merveilleux. » Je ne réponds pas. J'entends ses paroles, mais je n'y crois pas trop.

Ou plutôt, je me dis que je n'y arriverai pas, que j'ai un problème. En fait, notre discussion ne me rassure pas. Ses mots restent dans ma tête, mais mes craintes aussi.

De Phuket, nous partons pour Hong Kong, puis Koh Phi Phi en Thaïlande, et enfin au Vietnam où nous passons deux jours dans une petite famille adorable et si accueillante ! Cette famille très pauvre ne possède presque rien, mais elle a tellement d'amour à offrir. Ce moment restera gravé dans ma mémoire toute ma vie comme l'un de mes plus beaux souvenirs des « Marseillais ».

De retour à Phuket, il est temps pour moi de partir, comme je l'ai promis à Thibault. Je suis contente de rentrer pour rejoindre mon chéri qui me manque terriblement. Mais en même temps, je ne sais pas comment m'y prendre. Comment quitter une telle aventure ? Comment dire au revoir à tous mes amis, à ma deuxième famille ? Je ne l'ai jamais fait pendant aucun des onze tournages en quatre ans de téléréalité. Ce n'est vraiment pas évident.

Ma décision est prise, et je ne doute pas un instant que c'est la bonne, mais que c'est dur de partir ! Je repasse mon discours mille fois dans ma tête, et je finis par annoncer à tout le monde que ce soir, je prépare un repas où nous serons tous réunis. Évidemment, ça les étonne tous ! Tous les Marseillais me tournent autour, se disent que ce n'est pas normal, Jessica qui fait un repas pour tout le monde. Effectivement, moi qui fais à manger, c'est déjà quelque chose de très très rare, mais en plus pour dix personnes, c'est du jamais vu !

Du coup Julien ne me lâche pas, et Kevin non plus. Des tonnes des questions pleuvent sur moi : est-ce que je vais annoncer que Thibault arrive ? Ou que je suis enceinte ? Je reste muette, je ne leur dis rien.

Le soir, tout le monde est réuni à table et me soupçonne de quelque chose. Moi, je n'arrive pas à manger. Impossible. Rien ne passe. Je finis par me lever et prendre la parole. Ce moment est très difficile pour moi. Les mots ont du mal à sortir, ma gorge est nouée. Très vite, je suis submergée par mes émotions. Les larmes coulent. Je suis partagée entre la tristesse de partir de ce tournage qui se passe vraiment bien et le manque de mon chéri. Enfin, je finis par dire à tout le monde que je quitte l'aventure et que je vais rentrer rejoindre mon homme, mais que ce n'est qu'un au revoir et pas un adieu. Tout le monde est choqué, mais mon choix est fait.

Je pars faire mes valises. C'est très, très dur. Je ne fais que pleurer. Tout le monde est là autour de moi et m'accompagne jusqu'à la dernière seconde, jusqu'à la fermeture de la porte du van qui m'emmène loin d'eux. C'est vraiment un des moments les plus difficiles que j'aie vécus sur un tournage. Leur dire au revoir, voir leurs visages pleins de tristesse et fermer la porte, laisser tout ça derrière moi en sachant que l'aventure va continuer mais que pour la première fois, je n'en ferai plus partie, c'est terrible.

Moi qui me posais des questions par rapport à mon avenir dans la téléréalité, je réalise combien ça va être dur le jour où je vais vraiment arrêter. Je ne suis pas encore prête, en fait. Je pense que ça se fera tout seul, que je sentirai au fond de moi qu'il faut que j'arrête, comme je sens au fond de moi à ce moment-là qu'il faut que je rentre retrouver mon homme qui est ma priorité.

# ÇA NE MARCHE PAS POUR NOUS...

En rentrant du tournage en Thaïlande, j'arrive à Dubaï, et la suite, vous la connaissez. On part à New York, où Thibault me demande en mariage le 6 décembre 2018. Je suis la femme la plus heureuse du monde, comblée d'amour. On se marie dans la foulée, le 16, et on rentre en France pour les fêtes de fin d'année.

Tout ça, je vous l'ai déjà raconté dans mon précédent livre, mais ce que vous ne saviez pas, c'est que depuis que je suis rentrée de tournage, nous sommes focalisés sur notre désir d'avoir un bébé et sur le fait que ça n'arrive toujours pas. À New York, on a même calculé le jour où il fallait faire des câlins, et même qu'il ne fallait pas en faire pendant deux jours avant pour que ça accroche bien. Oui, oui, vous ne rêvez pas.

Sans vraiment nous en rendre compte, nous sommes rentrés dans une spirale où nous sommes trop déçus quand la période d'ovulation est finie, ou quand les tests se révèlent négatifs.

Je me dis que c'est ma faute, je me sens mal et en colère. Car il faut que vous sachiez que dans mes relations précédentes où on m'a trompée à plusieurs reprises, on m'a transmis deux fois le papillomavirus, et donc j'ai été opérée deux fois au laser. À l'époque, mon gynéco m'avait dit qu'il ne faudrait pas que je tarde trop à avoir des enfants parce que ça risquait d'être compliqué pour moi avec tous ces problèmes.

Ce qu'il m'avait dit me revient à l'esprit, et je me sens mal, humiliée. Non seulement j'ai été trompée, mais en plus, à cause de ça, je ne pourrai peut-être pas avoir d'enfants. Je suis en rage. Bref, ce n'est pas la joie, même si Thibault fait tout ce qu'il peut pour me rassurer.

Nous rentrons en France, et j'en profite pour aller voir mon gynécologue, Élie, à Aix-en-Provence. Je le connais depuis que je suis toute petite et qu'il n'était qu'un gamin. Je le voyais dans la maison de ses parents, à Saint-Pierre-de-Mézoargues, avec ses frères et sa sœur. Aujourd'hui, c'est un excellent gynécologue-obstétricien. Il me dit de ne pas m'inquiéter, que parfois, ça prend du temps, mais il me recommande quand même de venir faire un point plus précis à la clinique. J'y vais très tôt le matin pour croiser le moins de monde possible, car si on nous voit, Thibault et moi en même temps dans une clinique, il y a un risque sérieux que quelqu'un le dise sur les réseaux sociaux, et je n'ai vraiment pas envie qu'on parle de cette situation qui est déjà si pénible pour nous.

Élie réalise tous les prélèvements et les examens nécessaires pour voir si je peux être enceinte. Il nous explique que si tous les examens montrent qu'il n'y a pas de problèmes de mon côté, il faudra voir du côté de Thibault.

Deux jours plus tard, mon agente Magali me contacte : « Jess, je viens de recevoir un message d'un blogueur qui veut faire un article, car apparemment, tu serais enceinte. Une fille qui travaille dans la clinique où tu es allée a écrit à ce blogueur en lui disant qu'elle pensait que tu étais enceinte, qu'elle allait fouiller ton dossier dans l'ordinateur et qu'elle le tiendrait informé de ce qu'elle trouverait. » Je suis choquée, sidérée. Une personne travaillant à la clinique a osé faire ça ! Il y a des gens qui essayent de pénétrer dans notre vie privée de façon dégueulasse. J'envoie à Élie la capture d'écran de la conversation entre ces personnes. Le pauvre est super mal. Je lui demande si n'importe qui peut regarder dans son ordinateur et y avoir accès. Il me rassure, me dit que non, mais il est très choqué que des gens soumis au secret médical puissent faire ça.

Moi, ça me met très en colère, ça me déçoit, mais en même temps, ça me conforte dans l'idée que j'ai bien fait de quitter la France, car la vie privée n'y est vraiment pas respectée. C'est triste.

Lorsque je reçois mes résultats, je suis soulagée : tout va bien pour moi, alors je me dis que ça finira par arriver…

Quelque temps plus tard, je me rends compte que c'est Thibault qui se pose des questions. Je vois que ça le travaille méchamment. Il me dit : « Imagine qu'on ne puisse pas avoir d'enfants. Imagine. Moi, je ne peux pas… »

Bien évidemment, je le rassure, je lui réponds que ce n'est rien, que ce n'est pas grave. À ce moment-là, je me dis qu'on se prend trop la tête. Il faut qu'on arrête de calculer les dates d'ovulation, de se stresser, que même dans le pire des cas, il y a d'autres solutions. Je dis à Thibault qu'on va laisser faire les choses naturellement. En général, le destin fait bien les choses.

Après cette conversation, on ne parle plus de bébé entre nous. On vit normalement, sans y penser, sans calculer.

# … MAIS ÇA MARCHE POUR LES AUTRES MARSEILLAIS !

Le 13 février, je monte à Paris pour la conférence de presse des « Marseillais Asian Tour ». J'y vais seule, Thibault reste à Dubaï.

Je retrouve tous mes fratés Marseillais. Je suis trop contente de voir que tout le monde est présent. Comme à chaque fois, on a l'impression qu'on ne s'est jamais séparés. Ils me racontent ce qui s'est passé en mon absence. Moi, je leur raconte mon mariage et je leur dis que tout va bien.

Le soir, Kevin et Carla viennent me voir dans ma chambre et m'annoncent qu'ils vont devenir parents. Je suis évidemment très heureuse pour eux, et je les félicite bruyamment. Ils me racontent comment c'est arrivé, tellement rapidement, tellement facilement. Dans ma tête, ça remue. Je ne peux m'empêcher de penser que Thibault et moi n'y arrivons toujours pas. C'est vrai que dans le fond, ça me fait quelque chose.

Le lendemain, alors que nous sommes encore tous ensemble dans les studios de M6, Julien me demande si je suis enceinte. Je lui confie que nous nous sommes beaucoup stressés avec cette histoire à force de calculer les périodes d'ovulation, mais que pour l'instant, ça ne marche pas, et que nous avons donc décidé d'arrêter de nous prendre la tête.

Julien a des doutes. Il ne me croit qu'à moitié. Il pense que je suis enceinte et que je le lui cache. C'est dur pour moi qu'il ne me croie pas. Le soir, au restaurant, il me surveille, me taquine, et me demande même de boire un verre de vodka avec lui. Je n'en ai pas envie, mais quand Julien il se met sur toi, il ne te lâche pas. Alors, je bois un verre avec lui pour qu'il arrête, et là, c'est bon, il me croit.

# ET PUIS, ENFIN…

Je rentre à Dubaï pour les 28 ans de Thibault, que je suis si contente de retrouver. Deux jours plus tard, il part en Thaïlande avec son ami pour cinq jours.

Ce jour-là, le 19 février, j'ai rendez-vous avec mon amie Célia chez un chirurgien esthétique pour enlever un produit qui m'avait été injecté dans les lèvres mais dont je n'aimais pas du tout le résultat. La chirurgienne me dit qu'elle veut injecter un produit qui enlèvera tout, et me demande si je suis enceinte. Je lui dis que nous essayons d'avoir un enfant, mais que ça ne marche pas. D'ailleurs, je devrais être indisposée le jour même ou le lendemain.

La chirurgienne ne veut pas prendre le risque de m'injecter le produit nécessaire, qui n'est pas bon pour un fœtus. Elle me conseille d'attendre jusqu'au lendemain pour voir si j'ai mes règles ou non. Je suis déçue, évidemment. J'ai mis un mois à obtenir un rendez-vous avec elle. J'étais venue pour avoir une jolie bouche, et je repars sans rien. En plus de ne pas arriver à avoir un bébé, je n'aurai pas de jolie bouche.

Célia me propose de marcher tout l'après-midi pour « déclencher ces règles ». Elle me taquine en me disant que je suis peut-être enceinte, que je devrais faire un test. Je lui réponds que c'est impossible et que je n'y crois plus. En plus, je n'ai aucun signe, ni nausées, ni vomissements, rien. On passe deux heures à marcher dans le Dubaï Mall et toujours rien. Alors, elle me propose d'acheter un test de grossesse et de rentrer à la maison. Bon, je doute, mais je finis par l'écouter.

On va à la pharmacie, on achète le test, et on rentre à la maison. Thibault est toujours en Thaïlande, nous ne sommes que toutes les deux. Célia est carrément plus excitée que moi, car je n'y crois plus. Finalement, je cède. Je vais aux toilettes, et je reviens avec mon petit verre. On met le test dedans, on discute, et d'un coup, Célia crie de joie. Je regarde le test, et là, je vois écrit : *pregnant* + 3 (enceinte + 3). J'en fais un deuxième, à la fois excitée et angoissée. Et si c'était un faux résultat positif ? Mais le résultat est le même, cette fois avec deux barres.

Je regarde Célia, je suis complètement désorientée. Je suis à la fois contente et perdue. Une grosse boule d'angoisse monte dans ma poitrine. Je fonds en sanglots. Je pleure, je pleure. Je ne sais pas pourquoi. Je ne sais pas si c'est de la joie ou de la tristesse. Je suis bouleversée. Je me pose mille questions, je suis complètement perdue. Thibault n'est pas là. Je ne sais plus quoi faire.

En pleurs, j'appelle Thibault en FaceTime. Ça ne marche pas. Le téléphone capte mal, rien ne passe. Je suis de plus en plus paniquée. Alors, je lui envoie le test en photo. Pourtant, dans ma tête, je m'étais fait un scénario digne des plus grands films d'amour où je lui aurais annoncé la nouvelle autour d'un repas aux chandelles dans un décor romantique. Seulement voilà, la vie, ce n'est pas un film, et en fait, je lui apprends la nouvelle par texto avec la photo d'un test urinaire. On a connu mieux comme romantisme !

Il me rappelle aussitôt. Il est un peu paniqué, lui aussi : « Mais tu es enceinte ? » Je lui dis que oui entre mes larmes et là, il me répond : « Mais ce n'est pas moi, le père, je suis en Thaïlande ! » Si, si, il m'a bien répondu ça. Mais qu'il est bête ! Comme si je pouvais avoir quelqu'un d'autre que lui dans ma vie ! Je lui réponds que je ne suis pas enceinte d'hier, mais de plus de trois semaines !

Je suis déçue de sa réaction, en fait. Je m'attendais à toutes les réponses sauf à celle-là. Mais il était tout aussi bouleversé que moi. Il lui a fallu un peu de temps pour réaliser. Évidemment, quelques minutes plus tard, c'est le plus heureux des hommes. Je reçois des messages de sa part toutes les deux secondes. Des messages d'amour, des émojis de bébé, de grossesse, etc. Lui, il est déjà à fond dedans, très heureux, mais dégoûté d'être en Thaïlande à ce moment-là. Il aurait voulu être près de moi. Qu'est-ce qu'il est mignon !

De mon côté, toujours avec Célia et toujours en panique, je décide d'appeler Élie, le gynéco que je connais depuis que je suis gamine, et surtout la seule personne dans le milieu médical en qui j'ai confiance.

Je l'appelle en pleurs. Je lui confie que je suis enceinte, que je suis perdue, et que je ne sais pas par quoi commencer. Élie m'explique calmement qu'il faut que je prenne rendez-vous avec mon gynécologue de Dubaï, que je fasse une prise de sang, ce qu'il faut manger et ne pas manger, ce qu'il faut changer dans mes habitudes, etc. Ses explications m'aident beaucoup, mais j'ai tellement de questions, d'angoisses et d'appréhension que je crois que je pourrais rester au téléphone avec lui 24h/24 pour être rassurée.

Je suis tellement loin de ma famille, c'est terrible. Bien sûr, c'est moi qui ai choisi d'aller vivre aussi loin, ce que je ne regrette pas, mais dans ces moments-là, il y a quand même le manque qui se fait ressentir. J'aimerais serrer fort mon papa et ma maman, mais je sais que ce jour-là viendra bientôt. Pour le moment, je ne veux appeler ni ma famille ni ma belle-famille car j'ai raté mon annonce auprès de mon mari, que je voulais digne d'un film, et je ne compte pas faire pareil avec eux. Nous leur ferons une belle surprise, Thibault et moi, le moment venu.

Célia reste avec moi et me tient compagnie. Heureusement qu'elle est là.

## THIBAULT ME REJOINT

Thibault devait rester cinq jours en Thaïlande, mais il décide de rentrer plus tôt. Il ne supporte pas d'être loin de moi durant cette période où il n'a qu'une envie : me prendre dans ses bras.

Dès qu'il arrive, il me serre fort contre lui. Je suis si heureuse qu'il soit là, de pouvoir enfin partager avec lui toutes ces émotions qui me bouleversent depuis que je sais que j'attends un bébé. Nous discutons pendant des heures de ce qui va arriver, des rendez-vous à prendre, etc. Il est tellement investi, je ne peux pas rêver mieux. Oui, c'est vrai, mon mari, c'est franchement un mec bien !

Nous apprenons tous les deux ce qu'il faut que je fasse et ce qu'il ne faut pas que je fasse… Je ne suis pas immunisée contre la toxoplasmose, par exemple. Pourtant, j'ai eu quatorze chats, mais ça ne veut rien dire ! Donc je dois maintenant faire attention à tout ce qui est cru, poisson, viande, etc. De même, pour éviter la listériose, il faut bien laver tous les fruits et les légumes. J'ai l'impression de ne plus pouvoir rien manger. Je me dis que ça va être compliqué. Pourtant, j'étais loin de m'imaginer toutes les galères qui m'attendaient.

Les premières semaines, c'est Google notre meilleur pote. Je regarde chaque aliment, et petit à petit, je prends les bonnes habitudes, et j'enregistre tout ce qu'il faut faire.

Thibault m'accompagne pour ma première échographie, et là, nous ne voyons rien, mais le gynéco, lui, voit quelque chose. Ma foi, s'il le dit… c'est son métier, après tout. Nous avons beau chercher le cœur, les jambes, la tête, etc., nous ne voyons rien. Bon apparemment, il y en a encore pour un bon moment !

Une fois rentrés à la maison, nous commençons à discuter des prénoms, et tout de suite, ça devient beaucoup plus compliqué, car évidemment, il faut se mettre d'accord. Thibault me propose Carmen comme prénom de fille. Alors, moi, pas du tout. Je n'aime pas ce prénom, car je trouve qu'il fait trop vieux, ancien. Je n'ai rien contre les Carmen, mais je ne vois tout simplement pas ma fille s'appeler comme ça. Je lui propose Ivana, puis on pense à Chiara, bref, on s'emballe un peu. Pour un garçon, j'aime beaucoup Ange. Comme j'adore ce prénom, on part là-dessus. Quelques jours plus tard, Thibault me propose Aaron. J'aime beaucoup aussi, et je vois déjà que si c'est un garçon, on aura plus de facilité à tomber d'accord.

On ne connaît pas encore le sexe de ce bébé, mais on se rend compte qu'il faut bien réfléchir, car ce prénom, ce sera pour la vie. Tout le monde l'utilisera pour l'appeler, pour penser à lui, pour lui écrire. Un prénom peut changer une personnalité.

Et puis, quand on pense à un prénom, il faut aussi anticiper le surnom qui viendra. Surtout qu'on donne toujours des surnoms bizarres chez nous.

Maylone son surnom depuis le début, c'est Poulsy, Drôle de… Guizmo, c'est Poulse ; Gasti, Gaston ; Léonard, Pops ; June : Juny, Peps. Ne me demandez pas pourquoi, mais ça me fait rire toute seule.

Mon mari, je l'appelle « mon cherzy », il s'énerve parce que j'appelle tout le monde « chéri », et que parfois, je parle à quelqu'un d'autre et c'est lui qui répond ! Du coup, il m'appelle « cherzy » aussi.

Moi, je suis la Nine à ma maman, et Thibault, le Kiki ou le Kikou à sa maman.

Et pour Leewane, c'est Leelee ou Poupsy.

Enfin, bref, on est des fous.

# RETOUR EN FRANCE POUR L'ANNONCE À NOS PARENTS

Nous prévenons nos familles que nous rentrons le 27 mars, que nous avons envie de les voir et de faire un repas tous ensemble. Comme elles s'entendent très bien et que nous prenons souvent nos repas tous ensemble, elles n'y voient que du feu. Il ne reste plus qu'à trouver comment leur annoncer la grande nouvelle. Quelques jours plus tard, nous l'avons ! Nous allons mettre une copie de l'échographie du bébé dans des enveloppes, et nous en donnerons une à chacun. Nous avons hâte de voir la tête qu'ils feront !

De mon côté, pas grand-chose ne change au niveau de mon corps. Pas de nausées, aucun signe apparent de grossesse. Mais d'un autre côté, il me faut du changement. Je ne sais pas pourquoi, moi qui ai toujours été blonde aux cheveux longs, je saoule Thibault toute la journée pour les couper.

En même temps, l'émotion m'envahit pour un oui ou pour un non. J'ai toujours été sensible, mais alors là, j'abuse. J'ai pleuré pour un mixeur, oui, un mixeur pour mixer des fruits ! Ne me demandez pas pourquoi, mais il fallait que j'en aie un. En rentrant à la maison, je le branche, toute contente, et paf, il ne marche pas. J'avais le cœur brisé. Je me suis mise à chialer comme une gamine qui fait un caprice. Quelle blague ! Évidemment, Thibault, l'homme parfait, est parti me le changer et j'ai pu mixer tous mes fruits. Ouf !

Avant de rentrer en France, je retourne faire une échographie chez mon gynéco pour avoir les quatre photos de notre bébé que nous glisserons dans les enveloppes pour nos parents. Catastrophe ! Le gynéco a oublié mon rendez-vous. Alors, évidemment, vous l'avez déjà deviné, je fonds en larmes. Pour moi, c'est la fin du monde. Ce gynéco-là n'est pas près de me revoir. Heureusement, j'en trouve un autre qui peut me recevoir le lendemain : il me fait l'échographie, constate que tout va bien et que je peux voyager. Ouf ! Me voilà à nouveau heureuse et soulagée, avec des photos du bout de bébé que j'ai dans le ventre.

À peine arrivés en France, je fonce chez le coiffeur pour tout couper. J'ai enfin mon carré, et j'ai l'impression de devenir une nouvelle femme. Pourquoi une telle envie de changer de tête ? Peut-être pour que l'on voie, et que je voie, que je deviens une nouvelle femme, voire une femme tout court ? Ma foi, je ne sais pas trop.

Le soir même, on se réunit en famille. Première surprise, j'offre une voiture à mon papa et à mon petit frère Bradley. Ils en ont vraiment besoin, car leur voiture roule sur les rotules. Ils pleurent, me remercient beaucoup. Moi, ça me fait un bien fou de leur faire plaisir, de leur être utile. La petite Jessica dont je vous ai parlé dans mon premier livre peut maintenant aider sa famille. Leur joie est ce qui me rend le plus heureuse. Je suis si fière de moi, de mon évolution, de ma famille… et de savoir que ce soir, on va leur annoncer qu'on va agrandir cette famille avec un petit être plein d'amour.

On s'installe tous à table : mes deux frères, mes parents, les parents de Thibault, son frère et sa chérie. Notre famille est au complet. Quand tout le monde est assis, Thibault et moi donnons à chacun de nos parents une enveloppe, et nous leur demandons de l'ouvrir tous en même temps. Je suis super excitée, tout en me demandant quelle sera leur réaction.

3, 2, 1… ouvrez ! Ils comprennent tout de suite que c'est une échographie qu'ils ont sous les yeux et donc que ça veut dire qu'on va avoir un bébé. Ils nous regardent, regardent la photo, nous regardent encore, et déjà, les larmes coulent de tous les côtés.

Nos parents vont pour la première fois devenir grands-parents, et nos frères des tontons. Ils sont tellement heureux ! Quel changement pour chacun d'entre eux ! Ils ont tous les larmes aux yeux, et leur réaction nous touche énormément. On se serre tous dans les bras en pleurant. Surtout moi ! On leur raconte toute l'histoire, comment on l'a appris, le retour de Thibault de Thaïlande, etc. C'est un moment magique, l'un des plus beaux moments d'amour vécus en famille.

Évidemment, nous leur disons de ne le répéter à personne. Ma grossesse est récente, et tout peut arriver. Et puis, c'est tellement intime. Ce n'est pas un jeu, et nous voulons garder cette nouvelle pour nous, en tout cas pour le moment, jusqu'à ce qu'on ne puisse plus la cacher. Et ce jour-là, nous l'annoncerons quand et comme nous l'aurons décidé. Pas comme notre mariage, dont les bans ont été dévoilés à notre insu. Mais nous leur faisons confiance, et d'ailleurs, il n'y a eu aucune fuite.

Ils nous demandent si c'est une fille ou un garçon. Nous ne le savons pas, mais quoi qu'il en soit, nous n'avons pas de préférence. Ce sera notre premier enfant et donc nous serons contents que ce soit l'un ou l'autre. Certaines personnes sont butées sur le sexe de leur enfant et veulent absolument une fille ou un garçon. Pas nous. Nous aurons ce que le bon Dieu nous donnera, et ce sera bien.

# CE SERA UN GARÇON

Après quelques jours passés dans le Sud en famille et à Paris, nous rentrons à Dubaï le 2 avril.

Là, nous nous rendons compte que ça devient de plus en plus compliqué de cacher ma grossesse. Évidemment, j'ai arrêté la cigarette et l'alcool.

Mais quand on va dans une soirée ou au restaurant, si je ne bois que de l'eau, je me fais griller tout de suite. Il m'est même arrivé de faire semblant de boire de l'alcool pour que personne ne me soupçonne. Par exemple, je commandais un verre de vodka suffisamment fort pour que tout le monde m'entende. Ensuite, Thibault changeait mon verre discrètement. Je trinquais comme d'habitude, et personne ne s'est douté de rien. Franchement, cacher que l'on est enceinte dans une soirée est une véritable galère. Il fallait même que je joue la comédie pour avoir l'air un peu bourrée, alors que je ne l'étais pas du tout.

Du coup j'ai refusé de nombreuses invitations dans les restaurants, car je savais que les gens se seraient posé des questions si je n'avais pas pris d'apéritif, si j'avais demandé à faire davantage cuire ma viande si elle avait été même légèrement rosée. Bref, toutes ces petites choses que j'ai dû changer et qui sont difficiles à camoufler.

Par exemple, un jour, nous sommes allés au restaurant avec Julien et Manon parce qu'ils étaient à Dubaï. Je savais qu'ils allaient me scruter de ouf pour essayer de deviner si on attendait un bébé ou non. J'étais certaine que l'un d'eux allait goûter mon verre. Alors, Thibault et moi avons fait exprès d'arriver un peu en avance. Comme ça j'ai pu commander un Virgin Mary. C'est comme un Bloody Mary, mais sans alcool. Quand ils arrivent, Manon s'assoit à côté de moi et me demande ce que je bois, comme prévu. Je réponds : « Un Bloody Mary » en rougissant un peu et en croisant les doigts pour qu'elle me croie. Elle prend mon verre et le goûte. Elle fait la grimace et me dit : « Beurk, c'est pas bon. C'est quoi ? » « Vodka-tomate », je lui réponds. Elle me répond : « Là, je suis dég, j'étais sûre que tu étais enceinte. » Ouf, sauvée. C'est juste qu'elle ne connaissait pas le vrai Bloody Mary. Comme ils veulent aller en boîte après, je préviens rapidement Célia et Olive qui travaillent justement dans cette boîte. Nous nous mettons d'accord : ils déposeront deux bouteilles sur la table. Il y aura de l'alcool dans la bleue et pas dans la rose. Et le tour est joué !

Il faudra bien que je le dise bientôt, mais je veux d'abord faire une nouvelle échographie qui permettra de voir si tout va bien : le cœur, le cerveau, les membres de notre bébé, etc.

Deux jours plus tard, Thibault et moi arrivons chez ma gynécologue pour ce rendez-vous tant attendu. C'est la douzième semaine de grossesse, c'est-à-dire trois mois. C'est un grand jour, car nous allons enfin pouvoir voir à quoi ressemble notre bébé, vérifier qu'il grandit bien, qu'il n'a pas de problèmes.

Thibault est vraiment incroyable. Il est toujours présent avec moi pour chacun de mes rendez-vous médicaux. Toujours calme, rassurant, proche, protecteur. Cela me fait énormément de bien.

Une fois installée sur le fauteuil d'examen, la gynécologue passe du gel sur mon ventre et fait bouger la sonde de sa main droite tandis que nous regardons tous l'écran. Au bout d'un moment, on voit notre petit bout de chou apparaître comme s'il sortait d'un brouillard. L'échographie est incroyablement nette. Une petite larme coule le long de mon visage.

Ce n'est plus une cacahouète : c'est un vrai petit bébé, tout formé, avec un cœur, des petites mains, des petits pieds si mignons. Thibault et moi, on se regarde, tellement fiers de nous. C'est bien nous qui avons fabriqué ce petit être, cette petite vie. Thibault pose mille questions à la pauvre gynécologue. « Est-ce qu'il a des os ? Est-ce qu'il est vivant ? Il fait quoi toute la journée ? » J'avoue que j'ai bien ri.

La gynécologue nous demande si on veut connaître le sexe de notre bébé. On se regarde, et on dit oui. Alors, elle nous dit que même s'il est encore tôt pour être certain, elle peut nous dire à 80 % que c'est un garçon.

Wow ! Nous sommes tellement heureux ! On n'avait pas de préférence entre fille ou garçon, mais là, ça y est, on sait que ce « mini-nous » est un petit gars, et ça change tout. Thibault est tellement fier ! Il demande si c'est le zizi qu'on voit là, et la gynéco nous dit : « Oui, c'est un gros zizi. » Thibault dit alors fièrement à la gynécologue qu'il l'a hérité de son père, et nous éclatons tous de rire.

Nous repartons chez nous après ce merveilleux rendez-vous, le meilleur de tout ce que j'ai pu vivre, le sourire aux lèvres, plus heureux que jamais tous les trois.

Très rapidement, on cherche des prénoms de garçon, bien sûr. On ne s'est toujours pas mis d'accord. On a gardé Ange et Aaron, et on aime aussi beaucoup Liam. Il ne reste plus qu'à décider. De toute façon, pour l'instant, on décide de garder ça secret pour nous : 80 % de chances que ce soit un garçon, ce n'est pas 100 %.

Cacher ma grossesse devient de plus en plus compliqué. Mon travail, c'est de faire du placement de produits que j'essaye. Mais là, je fais faire beaucoup de choses à Thibault, comme l'appareil à abdos, par exemple. Les crèmes et autres produits comme ça, je ne me les applique plus pour en faire la démonstration. Pourquoi ? Parce que je sais que certains d'entre eux peuvent être nocifs pour les femmes enceintes, et que pour garder ma grossesse secrète, je ne fais confiance à personne, à part mon mari et ma famille. Donc si je demande à l'agence qui elle-même devra demander aux marques si tel ou tel produit est bon pour les femmes enceintes, trop de gens seront au courant tout de suite, et le risque de fuite est trop important. D'ailleurs, Carla, des Marseillais, m'a déjà envoyé un message me disant : « Je suis sûre que tu es enceinte. Tu ne mets pas de produit quand tu en parles. » Or, j'ai plusieurs millions de personnes qui me suivent sur les réseaux sociaux et qui guettent le moindre indice chaque jour. Même au restaurant, c'est difficile. Il y a beaucoup de serveurs français à Dubaï, et il faut que je fasse attention à tout. Être enceinte et cacher sa grossesse, ce n'est pas évident, mais quand on est connue, c'est juste une horreur.

Ce n'est qu'une question de temps avant que je me fasse griller, mais je ne veux pas que ça se passe comme ça. Je veux que ce soit nous qui l'annoncions publiquement, quand on voudra et de la façon que nous aurons choisie. Alors, j'en parle avec Thibault, et nous sommes d'accord. Il est temps qu'on le dise. Le cap des trois mois est passé, le bébé va bien, n'a pas de malformations, et tout semble normal. Donc il vaut mieux le dire, nous libérer de ce poids et vivre normalement.

Le 20 avril, Julien débarque chez nous tout seul. Thibault me demande s'il peut lui dire. Il en meurt d'envie. Je me dis que, après tout, Julien est son ami de toujours, et que c'est plutôt bien de commencer par lui. Mais si on le dit à Julien, il y a beaucoup d'autres amis à qui on doit le dire vite aussi, et une fois qu'ils le sauront, le risque que ça se répète est de plus en plus important à chaque fois qu'on l'annoncera à quelqu'un. Alors, Thibault et moi, nous nous mettons d'accord : on l'annonce à tous nos amis, et dans la foulée, on le révèle sur nos réseaux sociaux.

L'excitation commence à monter. Ça y est, nous y sommes. Notre secret qu'on a su garder pour nous ne sera plus un secret. Ça nous fait un petit quelque chose, mais en même temps, j'attends de pouvoir être libre d'en parler depuis trois mois.

Alors, Thibault le dit à Julien, et c'est parti. On passe les premiers coups de téléphone. Tout le monde est super content, et nous, nous sommes tellement heureux. Au fur et à mesure, on se sent de plus en plus soulagés.

Ensuite, on poste notre photo sur les réseaux sociaux et là, tout va très vite. Des dizaines de milliers de « like », de commentaires, de messages, de félicitations. Plus d'un million de personnes ont aimé cette photo ! C'est fou ! La nouvelle fait vite le tour de nos followers, et nous sommes comblés par tout l'amour que nous recevons d'eux à ce moment-là.

Quelques jours plus tard, nous décidons de partir en vacances en Égypte. J'avais oublié que, évidemment, tout le monde allait mettre son grain de sel dans ma grossesse et devenir médecin pour me prodiguer des conseils. Alors tout de suite on me dit qu'il ne faut pas voyager, qu'il ne faut pas manger les plats servis là-bas, etc. D'un côté, c'est sympathique parce que je ressens la bienveillance de toutes ces personnes qui me veulent du bien, mais en même temps, c'est vraiment pénible parce que je ne suis pas idiote et que je me renseigne avant de manger quoi que ce soit, etc. Bon, malgré ça, on profite bien de l'Égypte, et nos vacances se passent à merveille.

Au retour d'Égypte, nous retrouvons nos parents et nos frères avec toujours autant de plaisir. Le premier cadeau que je reçois pour notre fils vient de mon beau-frère et de ma belle-sœur. C'est une petite paire de chaussons beiges.

Quand j'ouvre cette boîte minuscule, je m'effondre. Je pleure toutes les larmes de mon corps. Je crois que je me rends compte pour la première fois que j'ai un bébé dans le ventre. Je suis en sanglots, émerveillée par ces petits chaussons et ce qu'ils représentent. Mais effrayée aussi. Je ne sais pas comment je vais faire, je crains de ne pas savoir.

# FAIRE DE LA TÉLÉRÉALITÉ ENCEINTE ?

Nous rentrons à Dubaï. Nous serons bientôt en juin et, comme chaque année, nous avons un tournage : « Les Marseillais vs le Reste du monde » et là c'est vrai que les choses sont différentes : je suis enceinte, et la question se pose de savoir si je pars en tournage ou pas.

Est-ce qu'il est temps pour moi d'arrêter la téléréalité ? En même temps mon dernier tournage, en Asie, s'est très bien passé, mais d'un autre côté, je serai bientôt maman, et ça change tout. Pourtant, je ne me sens pas du tout différente. Je suis la même, en fait.

Alors, je me dis : pourquoi est-ce que je n'irais pas un peu tout en faisant attention ? Bien sûr, je ne vais pas faire des parcours du combattant, ou être accrochée à des cordes, mais après tout, vivre dans une villa, c'est comme vivre chez moi, et puis, si j'ai envie de rentrer, je rentrerai.

Thibault est d'accord. Après tout, c'est peut-être notre dernier tournage, et nous ne savons pas de quoi l'avenir sera fait. En plus, Thibault m'annonce qu'il viendra me rejoindre à ce tournage quelques jours après le début. Alors, c'est décidé, j'y vais !

Ma famille de Marseillais commence vraiment à changer d'allure : Manon et Julien parents, Carla enceinte, moi aussi. Ça va finir en cour de récré des fratés, cette histoire !

# LA CATASTROPHE :
# JE RISQUE DE PERDRE MON BÉBÉ

Le 12 juin 2019, nous en sommes à la vingtième semaine. C'est le moment d'aller chez la gynécologue pour savoir si tout va bien pour moi et pour le bébé, et pour voir si je peux prendre l'avion et rejoindre le tournage des « Marseillais ».

La gynécologue nous montre notre bébé, et c'est encore un émerveillement pour nous. Elle prend ses mesures, scrute tous ses membres, son cerveau, et nous confirme que c'est bien un garçon, à 100 % cette fois. On voit sa petite bouille en 4D. Il sourit ! C'est incroyable ! Nous aussi, nous sourions bêtement en regardant l'écran alors qu'il ne peut pas nous voir.

Ensuite, elle doit voir si je peux voyager. Dès qu'elle commence à m'examiner, je vois sa tête changer, se décomposer. Je ne comprends pas, je m'inquiète. Je lui demande ce qu'il se passe. Elle me dit alors, d'un air grave, que je ne pourrai ni voyager, ni même bouger. Mon col (en gros, la porte entre l'utérus où pousse mon bébé et le reste de mon corps) est très réduit : il ne reste que 1,8 centimètre et à vingt semaines de grossesse, c'est très, très problématique.

Je risque de perdre mon bébé à tout moment. C'est le drame. Je craque complètement.

Perdre mon bébé ? Maintenant ? Mais je ne veux pas, ce n'est pas possible. Thibault me prend dans ses bras, essaye de me réconforter, mais je suis au bout de ma vie. Je n'arrive même pas à parler. Montagnes russes émotionnelles, le bilan très positif quand elle examine le bébé, et tout à coup plus rien ne va quand elle m'examine, moi. J'ai l'impression que c'est ma faute. Je culpabilise tellement ! Si nous perdons ce bébé, ce sera à cause de moi.

En sortant de ce rendez-vous, je suis au plus mal. Dans la voiture, j'appelle mon producteur, Ben, pour lui dire que je ne partirai pas dans trois jours au Portugal avec les autres Marseillais et qu'il faut trouver d'urgence quelqu'un pour me remplacer. Même si ce changement de dernière minute est brutal pour la production, il m'assure qu'il n'y a aucun problème et qu'il ne m'en veut absolument pas.

Ma gynécologue me rappelle et me dit qu'elle a déjà pris rendez-vous pour moi à l'hôpital afin de me faire opérer le lundi 17 juin, mais qu'il faut d'abord que je repasse à son cabinet. Elle me parle d'opération et d'anesthésie générale. Je comprends que c'est grave.

Thibault m'emmène la voir. Il est toujours présent, toujours rassurant, calme, affectueux. C'est très dur pour nous deux, mais il prend vraiment soin de moi. La gynécologue m'explique qu'elle va me poser un cerclage. C'est comme un petit fil que l'on met pour essayer de consolider ce qu'il reste du col. Ce n'est pas sans risque non plus, mais c'est ce qu'il faut faire pour essayer de garder le bébé à l'intérieur de mon ventre le plus longtemps possible.

À vingt semaines, mon bébé ne peut pas survivre. S'il sort maintenant, il meurt. Ces mots me glacent le sang.

À part le cerclage, la seule chose à faire est que je me couche, que je reste allongée, alitée 24h/24. Je ne pourrai me lever que pour aller aux toilettes et à la douche. Ça va être très dur.

Alors, je lui demande si, au moins, avec le cerclage, on est sûrs de sauver le bébé. Non, même pas. Elle me fait comprendre que c'est très critique et que vu la situation, si le bébé est encore là dans un mois, on pourra ouvrir une caisse de champagne. Là, je fonds en larmes. Cette phrase n'arrête pas de résonner dans ma tête. Pour moi, c'est perdu d'avance. C'est mission impossible.

Je lui demande si c'est ma faute, si c'est parce que j'ai voyagé, si j'en ai trop fait ou quoi que ce soit d'autre. Elle essaye de me rassurer en me répondant que ça ne sert à rien de culpabiliser, qu'elle a vérifié chaque fois avant de voyager que tout était bon, et que c'est juste qu'en trois semaines, mon col s'est rétréci. « Ça arrive, me dit-elle, ce n'est pas votre faute. » Je l'écoute, mais je suis tellement désespérée.

J'appelle Élie, mon gynécologue en France. Je lui raconte la situation. Il m'explique tout avec ses mots à lui, il me confirme que ce que préconisent les gynécologues de Dubaï, qui sont français aussi, est ce qu'il y a de mieux à faire. Il me dit que mon bébé sera viable à partir de vingt-cinq ou vingt-six semaines, mais qu'il serait alors un grand prématuré. Après, il y a le cap des vingt-huit semaines, puis ceux des trente-deux, trente-quatre et trente-sept semaines. Si on arrive jusque-là, ce sera merveilleux, mais encore faut-il y parvenir. Je lui demande si c'est faisable. Pour lui, on a 50 % de chances d'y arriver. Ses mots me rassurent plus que la phrase « on ouvrira une caisse de champagne s'il vit encore dans un mois » de l'autre gynécologue.

Il n'empêche que ça fait un sacré paquet de semaines à rester dans mon lit, dans ma grande maison, toute seule en haut dans ma chambre. Plusieurs mois ! Je ne peux m'empêcher de pleurer, de me demander ce que j'ai bien pu faire pour mériter ça. Je n'avais jamais entendu parler de grossesse qui se passe mal comme ça. Tous les jours, je croise des femmes enceintes dehors, dans les magasins, partout, et moi, je dois rester enfermée, allongée avec mon bébé en sursis. Pourquoi moi, pourquoi nous ?

Il faut maintenant annoncer la nouvelle aux gens qui nous suivent sur les réseaux sociaux, car évidemment, j'ai dit que j'allais à mon rendez-vous avec ma gynécologue aujourd'hui, mais depuis, je n'ai plus donné de signe de vie. Or, sur les réseaux sociaux, un silence prolongé se remarque tout de suite, et les commentaires vont bon train. J'en parle avec Thibault, et nous tombons d'accord sur le fait qu'il faut qu'on soit honnêtes sur la situation et qu'on explique nous-mêmes les choses pour que les gens ne disent pas n'importe quoi.

J'annonce donc la nouvelle sur les réseaux et là, très vite, je reçois un message, puis deux, puis des milliers de témoignages de mamans ayant vécu la même chose. Chacune d'entre elles me raconte son histoire, partage son expérience avec moi. Beaucoup de ces femmes étaient dans mon cas, d'autres encore pire. Ça s'est bien passé pour certaines, et moins bien pour d'autres. Mais cette vague de soutiens, de témoignages me réconforte vraiment. Je me sens moins seule. Si d'autres ont traversé cette épreuve, moi aussi, je peux le faire.

# JE M'ALLONGE POUR LONGTEMPS…

Aussitôt rentrée chez nous, je m'allonge… sans savoir quand je pourrai me relever.

Au bout de trois jours, je n'en peux plus. Mon dos est bloqué. J'ai tellement mal ! Je ne sais plus quelle position adopter. J'en pleure de douleur et de découragement. Si je me sens aussi mal au bout de trois jours, comment vais-je pouvoir tenir des semaines ?

En plus de cette douleur, je suis en haut, seule, isolée du reste de la maison dans ma grande chambre à l'étage. J'envoie beaucoup de messages à Thibault pour lui demander de me monter quelque chose à manger ou à boire. En fait, j'ai surtout besoin de le voir, de casser cette solitude. Le temps est tellement long. Je ne sais pas m'occuper. Les secondes sont des minutes, les minutes des heures, et chaque heure me semble longue comme une journée. Le temps est interminable.

Célia et Olive me rendent visite et m'apportent une bouillotte pour essayer de soulager mon dos. Rien n'y fait, la douleur est toujours là. Les bas de contention me tiennent chaud, me grattent, c'est insupportable. Ça fait deux jours que je pleure toutes les larmes de mon corps à cause de la douleur, ainsi que de la fatigue physique et psychologique.

Pourtant, je prends sur moi et continue à faire mes placements de produits et à donner des codes promotionnels. Déjà, ça me fait passer le temps, ça m'occupe ; en plus, c'est utile pour certaines personnes. Bien sûr, certains me critiquent. On dirait que pour eux, il faudrait que je disparaisse pendant toute ma grossesse, que j'arrête de raconter ma vie, mes journées, de dire comment je me sens. Mais moi, j'ai besoin de continuer à vivre, à faire ce que je peux encore faire. Et puis, je pense qu'il est important de partager aussi les moments difficiles, de montrer que les galères n'arrivent pas qu'aux autres, qu'elles peuvent concerner n'importe qui, mais qu'il faut rester fort et trouver du courage dans le fait qu'il y a toujours pire ailleurs.

Notre vie, que l'on partage avec tant de gens, ce n'est pas un rêve ou un conte de fées. Bien sûr, beaucoup de choses sont très agréables : j'ai épousé un homme beau et gentil que j'aime et qui m'aime, nous habitons une belle maison à Dubaï, nous partons en vacances dans des endroits magnifiques, etc. Mais il y a aussi des moments difficiles, très durs, même, parfois. Pourquoi devrais-je les cacher ? Pour faire semblant que tout va toujours bien dans nos vies ? Mais à qui ça rendrait service de faire comme si nous ne vivions jamais de galères ?

Thibault se rend compte que je ne vais vraiment pas bien et qu'on ne peut pas me laisser dépérir comme ça, toute seule dans ma chambre. Alors, pour me remonter le moral, il va m'installer un grand lit en plein milieu du salon pour que je sois au centre de notre vie. Il est tellement gentil ! Heureusement qu'il est là pour moi. Il s'arrange pour que tout soit en place et opérationnel dès le lundi qui suivra mon opération. Ça me remonte vraiment le moral, car je sens que vivre en bas va déjà me changer la vie.

# L'OPÉRATION – LES INTRUS

Le lundi qui suit, Thibault m'emmène à l'hôpital pour le cerclage. Nous croisons les doigts pour que cette intervention permette au bébé de rester au chaud et de ne pas avoir envie de sortir trop tôt.

Le réveil de l'anesthésie générale est très dur. Je vomis, et surtout, je suis incroyablement fatiguée. Thibault est toujours présent avec moi, dans ma chambre. Il m'a apporté de quoi m'occuper : un ordinateur, des séries et des trucs à manger, mais pour le moment, je suis trop mal pour faire quoi que ce soit. Il reste avec moi toute la journée jusqu'au soir.

Quand je commence à aller mieux, nous commençons à regarder *Prison Break*. Cinq saisons et beaucoup d'épisodes : parfait pour m'occuper pendant les prochains mois. Et puis, je donne de mes nouvelles sur les réseaux à toutes les personnes qui me suivent. C'est important pour moi, car leur soutien me fait énormément de bien.

À 23 heures, le téléphone de ma chambre se met à sonner. Tiens, c'est bizarre. Le personnel de l'hôpital vient me voir quand ils ont quelque chose à me dire ; quant à Thibault ou à mes parents, ils m'appelleraient sur mon portable s'ils voulaient me joindre. Je me tords comme je peux pour attraper le téléphone, et je décroche. Là, j'entends une petite voix qui me dit : « Je t'adore, je voulais juste te dire bon courage. » Quoi ??!? Bien sûr, l'intention est gentille, mais il est 23 heures, je suis alitée, à l'hôpital, je souffre, et quelqu'un que je ne connais pas s'est dit que ce serait bien de m'appeler dans ma chambre à ce moment-là.

Je suis choquée. Les gens vont trop loin, parfois. Mais comment a-t-elle eu mon numéro ? Ah, ça y est, je comprends : quand je me suis filmée, j'avais mon plateau-repas où était écrit le nom de l'hôpital.

À 8 heures, on toque à ma porte. J'en ai ras-le-bol, je voudrais juste dormir, me reposer. J'ai eu mal toute la nuit, et j'ai dormi seulement deux heures. Je dis : « Yesss ? » Là, j'entends une voix d'homme qui me dit en français : « Je peux rentrer ? » Je ne comprends pas. Thibault sait qu'il ne peut pas venir avant midi et que j'ai besoin de repos. Je demande : « Mais qui est-ce ? » La voix me répond : « Je suis venu te voir, je suis fan de toi. »

Je vrille. C'est trop pour moi. Je réponds : « Non mais ça va pas ? Il est 8 heures du matin, et je suis à l'hôpital ! » Vous croyez que ça a suffi ? Eh bien, non, Monsieur plaide sa cause : « Mais s'il te plaît, maintenant que je suis là, je peux rentrer. » Je lui réponds : « Non, ça ne se fait pas. » Finalement, il part. Je suis hyper en colère.

Je peux perdre mon bébé à tout moment, je suis en short de nuit, mon lit est plein de sang à cause de l'opération, mon pyjama est à moitié débraillé, je suis dans un état lamentable, sous perfusion. Je ne comprends pas comment quelqu'un peut oser venir comme ça. Je ne peux pas croire un instant que cette personne se soit dit que ça me ferait plaisir, que ça me ferait du bien de recevoir un parfait inconnu sur mon lit d'hôpital le lendemain d'une opération chirurgicale. Ou alors il est vraiment très bête, celui-là. Non, je pense plutôt que c'était pour se faire plaisir à lui. Il faut vraiment être égoïste ou très mal élevé pour avoir des idées pareilles.

J'appelle Thibault en panique. Je lui dis qu'un homme est venu jusque dans ma chambre. « Quoi ? Comment ça ? » s'écrie Thibault, très en colère. Je lui raconte ce qu'il vient de se passer. « J'arrive », me dit-il.

Quand Thibault arrive, il voit le type sur le parking. Loin d'être plein de remords de m'avoir dérangée sur mon lit d'hôpital, il fonce sur Thibault pour lui demander une photo. Thibault, pas content du tout, lui demande : « C'est toi qui oses aller dans la chambre de ma femme ? » Le mec ayant répondu oui, Thibault lui dit sèchement qu'il ne peut en aucun cas avoir de photo, et lui conseille de ne plus jamais recommencer.

D'un côté, je me dis que le pauvre voulait juste une photo, mais de l'autre, ce n'était ni le moment ni l'endroit. Si seulement il s'était mis un instant à ma place, je pense qu'il ne l'aurait pas fait.

# ALITÉE… LE TEMPS RALENTIT…

Lorsque je rentre de l'hôpital, deux jours plus tard, mon mari a fait installer mon lit au milieu du salon, comme promis, et Gizmo et June, nos deux chiens, m'attendent dessus. Ma chambre a été transférée dans celle du bas, à laquelle Thibault a fait ajouter des rideaux. Grâce à lui, tout est prêt pour m'accueillir, et ça va me changer la vie. Du coup je suis contente de rentrer chez moi, sans appréhension.

Les jours passent, une sorte de routine s'installe. Je vis dans le salon, au centre de la maison. Thibault cuisine pour moi. Plein de bons petits plats, pas loin de moi. Ça me touche énormément.

Au bout de deux ou trois jours, nous avons bien pris nos marques, et notre petite vie confinée avance comme sur des roulettes. Voici le petit planning de mes journées :

- Je me lève une fois par jour pour me laver. Thibault m'a acheté une petite chaise de douche hyper pratique. Comme ça je me lave assise. Ça ne traîne pas. En cinq minutes, je suis lavée, séchée et prête à retourner m'allonger. Une ou deux fois par semaine, je me fais un shampoing en même temps. Ensuite, je m'allonge sur le lit, Thibault me sèche un côté, puis je me retourne, et il me sèche l'autre. C'est vraiment le meilleur des partenaires. Il m'aide tout le temps et sans jamais râler. Je l'aime.

- Après la douche, je me rendors au moins jusqu'à 11 heures ou midi. Déjà, cette routine fait que les matins n'existent plus et que le temps passe donc plus vite. Une ou deux fois par semaine, je me maquille. La séance prend bien une petite heure, car je m'applique, et puis, je n'ai pas grand-chose d'autre à faire. En plus, ça fait du bien au moral, de se maquiller. Je me sens plus belle, plus apprêtée, et dans mon cas, c'est indispensable.

- Tous les lundis et jeudis, je prends des cours d'anglais. À Dubaï, il vaut mieux savoir bien parler anglais. Jusque-là, j'arrivais à me faire comprendre, mais je faisais plein de fautes, et c'était parfois compliqué. Si j'avais su combien il est important de bien se débrouiller en anglais, j'aurais écouté pendant les cours au lieu de faire n'importe quoi. Là, je rattrape ce manque, et en plus, ça me fait passer le temps.

- Je fais également venir à la maison une fois par semaine une masseuse spéciale pour femmes enceintes pendant une heure. Enfin, une fois par mois, une esthéticienne vient s'occuper de moi à domicile. Ça aussi, ça fait énormément de bien. Ce ne sont pas des soins au sens médical du terme, mais ça fait du bien au moral et le moral est hyper important quand le physique a des problèmes.

Pour soigner mon mal de dos, j'ai acheté, sur les conseils de gens qui me suivent, un matelas anti-escarres. Ça m'a changé la vie et fait disparaître ma douleur. J'en profite pour remercier toutes celles et tous ceux qui m'ont donné de bons conseils qui m'ont beaucoup aidée. Comme quoi, ce qu'on fait sur les réseaux sociaux n'est pas à sens unique.

Thibault et moi organisons aussi la visite de nos familles et de nos amis. Nous sommes loin d'eux mais justement, nous avons envie de les voir, et leur présence nous fera du bien, nous distraira. Nous aurons Djamel pendant une semaine, puis une semaine de repos (avec lui, on en aura bien besoin !), puis nos parents ensemble pendant une semaine, puis une autre semaine de repos, puis le frère de Thibault et sa femme pendant une semaine, suivie d'une semaine de repos, et enfin, mes deux frères Logan et Bradley pendant une semaine. Ils partiront le 15 août. Autant vous dire que cette organisation devrait nous aider à faire passer le temps beaucoup plus vite. Du moins, je l'espère.

En effet, quand Djamel arrive, c'est une bouffée d'oxygène ! Il aide Thibault, qui est toujours là pour moi, aux petits soins et ne se plaint jamais. Ils s'occupent de moi, font des jeux de société avec moi, me distraient. Du coup, la semaine passe incroyablement vite. Je le remercie du fond du cœur d'être venu à Dubaï tout seul. Il n'avait jamais pris l'avion seul, il ne parle pas un mot d'anglais, bref, ce n'était sûrement pas facile pour lui, mais il l'a fait pour moi. C'est tellement touchant !

# DEUXIÈME HOSPITALISATION

Lundi 1er juillet 2019. 23e semaine de grossesse. Tout à coup, je sens beaucoup de contractions. Je ne sais pas quoi faire. Thibault essaye de me calmer, me dit qu'il faut surtout que je ne me stresse pas, que ce n'est rien, que ça va passer. Mais moi, je vois bien que ça ne passe pas, et que mes contractions sont de plus en plus rapprochées. Une toutes les dix minutes.

Ma gynécologue me dit qu'il faut que je vienne à l'hôpital pour vérifier mon col, arrêter les contractions et faire tous les examens. J'y vais aussitôt. Ils me donnent des médicaments pour les contractions, et ça va tout de suite mieux, mais dès le lendemain, ça recommence. Au bout de deux jours à l'hôpital, ils me laissent rentrer chez moi, car mon état est stable.

Arrivée chez moi, j'appelle ma maman, et je craque à nouveau. C'est si long. J'ai l'impression que ça n'avance pas, et le stress est permanent.

Dès que quelque chose ne va pas, comme ces contractions qui arrivent de nulle part, j'ai peur d'être en train de perdre mon bébé. C'est une angoisse terrible.

# LES VACANCES ARRIVENT… POUR LES AUTRES !

Dimanche 7 juillet 2019. Demain sera le début de la 24$^{e}$ semaine de grossesse. C'est un moment hyper important, car à partir de là, mon bébé est enfin viable. C'est sûr que s'il naissait maintenant, ce serait un très grand prématuré et il serait en danger, mais au moins, il pourrait peut-être survivre. Je suis tellement heureuse que je ne fais que pleurer. C'est une grande étape pour moi. Maintenant, il va falloir se battre pour qu'il soit le moins prématuré possible et pour augmenter ses chances de survie en grattant des jours et des semaines, une par une.

Mes parents et ceux de Thibault viennent passer une semaine avec nous. Nos mamans me concoctent de bons petits plats. Ça me fait du bien, et c'est reposant pour Thibault qui, sinon, me prépare tous mes repas, tous les jours. Même si le pauvre ne se plaint jamais, c'est quand même dur pour lui.

Ma mère m'a apporté des petites tenues de bébé. C'est magnifique, tellement minuscule, tellement mignon. Nous passons la semaine à parler ensemble, à jouer à des jeux de société et à partager nos repas. Avoir ma famille près de moi me fait un bien fou. Ça me rassure énormément. Mon moral est boosté à fond. Thibault en profite pour organiser une petite fête à laquelle participent également Célia et Olive. J'ai droit à un buffet et même à un mocktail (un cocktail sans alcool). Je suis trop contente.

Le lendemain, Célia et Olive partent pour les vacances en France, puis c'est le tour de nos parents de rentrer en France. J'avoue que c'est dur parce que Célia est ma seule vraie amie à Dubaï à ce moment-là, et la voilà partie jusqu'en septembre. Pareil pour mes parents, que je ne reverrai que lorsque mon fils sera né, si tout se passe bien. Alors, on pleure évidemment un bon coup en se séparant, et j'ai déjà hâte de les retrouver quand tout sera fini.

# TROISIÈME HOSPITALISATION

Lundi 15 juillet. 25$^{e}$ semaine de grossesse. Je retourne à l'hôpital pour un rendez-vous très important. Il s'agit de me faire deux piqûres de corticoïdes à vingt-quatre heures d'intervalle pour aider les poumons de notre bébé à se développer plus vite car, s'il devait naître de façon prématurée, il faut absolument qu'il puisse bien respirer tout de suite. Après les deux jours passés à l'hôpital pour ces piqûres, je retourne voir ma gynécologue. Vous savez, celle qui m'avait dit : « Si ça tient jusqu'au prochain rendez-vous, on sortira la caisse de champagne » !

Et voilà que je suis là, dans ce même bureau, avec dans mon ventre un bébé devenu viable en cas de naissance prématurée. J'ai l'impression d'avoir franchi de nombreux caps, d'avoir gagné la coupe du monde à chaque étape. Seulement voilà, on ne peut jamais se réjouir trop vite dans ce genre de situation. Le soir même, vers 21 heures, je sens de nouveau des contractions. D'abord toutes les trente minutes environ, puis toutes les quinze, les dix, les cinq minutes, et enfin toutes les deux minutes. Évidemment, nous fonçons à l'hôpital. Nous y sommes vers 23 heures, et du coup, ça prend pas mal de temps de faire tous les examens : échographie, monitoring, prises de sang, etc.

L'infirmière cherche le cœur du bébé. Je vois sur son visage qu'elle ne le trouve pas. Elle se met à le chercher partout. Aucun battement, rien. Je commence à stresser sérieusement. Trop de contractions, c'est mauvais pour le cœur du bébé ! Elle sort précipitamment de la salle et revient avec une collègue qui essaye à son tour. Je ne la quitte pas du regard. Le stress est immense, insupportable. Je pense au pire, et me mets à pleurer à grosses larmes.

Est-ce que mon enfant est encore vivant, ou bien est-il déjà mort dans mon ventre ? On ne peut pas imaginer ce que ça fait tant qu'on n'a pas vécu ça.

Au bout de deux longues, interminables minutes, elle trouve enfin le tout petit cœur de mon tout petit fils, qui bat et qui va bien. D'un coup, le soulagement est immense. Elle laisse sur mon ventre pendant une heure l'appareil qui suit les battements du cœur de mon fils.

Épuisé, Thibault s'endort dans la petite pièce des urgences. Le pauvre est bien fatigué, lui aussi. Ses journées sont tellement longues ! Il se lève tous les matins pour faire du sport puis les courses pour arriver à midi pile quand je me réveille. Là, il me prépare à manger, puis il reste près de moi tout l'après-midi sans bouger. Pourtant, il s'occupe aussi de tous ces trucs pas drôles dont il me décharge : comptabilité, avocats, banque, sociétés, etc. Franchement, c'est un mari extraordinaire. Même s'il est à bout de forces, il donne tout, ne lâche jamais rien. Lui dit que c'est normal, mais moi, je trouve qu'il a énormément de mérite.

# UNE GROSSE DISPUTE

Au début de la 26e semaine de grossesse, Quentin, mon beau-frère, et Julie, sa femme, viennent passer quelques jours avec nous jusqu'au 31 juillet. Deux jours après leur arrivée Thibault et moi avons une énorme dispute à table pour un truc nul. Il veut regarder une série et moi, étant donné que je suis morte de fatigue et que j'ai encore des contractions qui reviennent toutes les dix minutes, je l'envoie balader en lui disant : « Tu ne vois pas que je m'en fous de ta série ? »

En fait, je suis KO, et je pense que lui aussi. Nous sommes tous les deux à bout, et même si on fait mine que tout va bien, ce n'est pas si simple. C'est dur pour moi de tout lui demander, de ne rien pouvoir faire par moi-même, de ne pas pouvoir faire les choses comme j'en ai envie, d'être toujours au même endroit, posée comme un coussin. Je me sens inutile, un vrai boulet, limite chiante. Pour lui, c'est dur aussi. Il doit tout faire, tout le temps. Tout ce qu'il doit faire pour lui, plus tout ce qu'il doit faire pour moi, plus tout ce qu'il doit faire pour la maison, plus tout ce qu'il doit faire pour notre travail. Ce n'est pas rien. Bref, le ton monte, on se pourrit, ça se passe très mal.

Je suis vexée, braquée, je pleure toutes les larmes de mon corps, je me déclenche d'énormes contractions, alors je quitte la table et je vais dans ma chambre. Je suis trop mal, je craque. Par la fenêtre de ma chambre, je vois les lumières du dehors, la route. J'ai tellement envie de sortir, de prendre l'air normalement. En général, quand on se dispute, je pars, je m'en vais, je reviens plus tard quand les esprits se sont calmés, mais là, je ne peux pas sortir. Je ne peux rien faire, je suis obligée de rester allongée dans cet orage de colère.

Le fait d'être coincée dans ce lit me frustre encore plus. Je me sens impuissante. Je regarde dehors et ne peux pas m'arrêter de pleurer. Pourquoi suis-je dans cet état ? Pourquoi tout est-il si compliqué ? Je suis à bout. À la limite, je voudrais tout arrêter, mais il y a ce petit bébé qui me retient et me fait penser que tout ce que je fais, c'est pour lui qui n'a rien demandé. Alors, on va y arriver.

Thibault, lui, quand on a une dispute, il ne réagit pas comme moi. Il continue à me tourner autour, à radoter, à maronner, à m'énerver encore plus. Comme il ne supporte pas de se disputer avec moi, il reste là, alors que moi, j'ai juste besoin d'air. Pour moi, quand on est énervés, il faut laisser la tension redescendre pour se parler. Lui, il ne sait pas faire, et il ne peut pas s'arrêter de parler.

J'appelle ma mère en pleurs. Je lui raconte notre dispute. Elle essaye de me calmer, mais elle est tellement loin… Mon papa prend le téléphone et me dit d'arrêter de pleurer, que ce n'est pas bon pour le bébé, mais je n'y arrive pas. Je suis trop triste. Je finis par raccrocher et par m'endormir de fatigue et de contractions.

Le lendemain, l'atmosphère est très froide entre nous. Je ne lui demande plus rien. Heureusement, Julie est là, et c'est à elle que je demande de tout m'apporter. Je ne veux plus parler à Thibault. Il a été très blessant dans ses mots, et ça m'a fait énormément de peine. Finalement, en fin de journée, nous parvenons enfin à discuter. Il s'excuse pour ses torts, et moi pour les miens.

La situation est dure, compliquée. C'est la première fois depuis les six semaines que je suis alitée que nous nous disputons.

Mais finalement, cette situation nous renforce. La dispute est née de l'immense fatigue qui est la nôtre. À un moment, elle sort comme elle peut, mais au fond, c'est aussi dans ces moments-là que l'on peut mesurer l'amour que l'on porte à l'autre et celui qu'il nous porte. Après ça, tout redevient comme avant, évidemment.

# ÇA VA MIEUX

Lundi 5 août 2019. J'attaque ma 28e semaine de grossesse. Je pleure encore une fois à chaudes larmes, mais cette fois, c'est de bonheur ! Ça y est, j'ai atteint mon premier palier. Celui-là fut bien long à passer. Huit semaines se sont écoulées. Deux mois clouée dans un lit !

Thibault me demande pourquoi je pleure. Je le rassure : c'est juste que j'ai l'impression d'avoir gagné. Je sais que ce n'est pas encore fini, mais c'est vraiment une grande satisfaction pour moi. S'il naissait maintenant, le bébé serait toujours un grand prématuré, mais plus un très grand prématuré. Ce serait compliqué, il faudrait une lourde prise en charge, mais nous sommes définitivement sortis de la zone de la mort certaine, où il n'aurait eu aucune chance de survivre. Thibault me serre longuement dans ses bras, me fait plein de câlins, me dit que désormais, ça va vite passer jusqu'au prochain palier, la 30e semaine.

Mes frères Logan et Bradley arrivent trois jours plus tard. Ils vont finir ma 28e semaine avec nous et rester jusqu'à la moitié de la 29e semaine. Je suis heureuse de retrouver mes petits frères et futurs tontons. Quand ils me voient, la première chose qu'ils me disent, ce n'est même pas : « Tu as grossi » ; c'est : « Oh, comme tu es blanche ! » Ils me font bien rire, ces deux-là. C'est sûr que, enfermée pendant huit semaines, je n'ai pas pris un rayon de soleil, limite je pourrais me fondre dans le mur !

Pendant que mes frères sont là, je demande à Thibault s'il peut acheter du bolduc pour mes ballons bleus que j'ai commandés sur internet. Cinq ballons qui se battent en duel, mais moi aussi, je veux des ballons comme pour une baby-shower, après tout ! Thibault me dit : « Demain, tu te maquilles, et tu te prépares. À midi, une entreprise viendra mettre des ballons et décorer la maison. » Quelle belle surprise, je suis trop contente !

# CE SERA MAYLONE

Pendant le repas, nous discutons du prénom de notre bébé, car nous ne sommes toujours pas décidés. Pour l'instant, c'est Liam et Aaron : Liam quand Thibault en parle, et Aaron quand c'est moi qui en parle. De temps en temps, comme on n'arrive pas à se mettre d'accord, on l'appelle LiamRon pour rigoler. Thibault me dit qu'on n'a qu'à choisir en faisant un jeu de société dont le gagnant choisira le prénom, mais pour moi, il n'en est pas question. Nous devons nous mettre d'accord. Du coup, on se dit qu'il faut en choisir un autre. Un prénom rare, mais qui doit nous plaire à tous les deux, et à propos duquel on dit tous les deux : « Oui, c'est celui-là. » Thibault est d'accord. Et puis, c'est vrai que des Liam et des Aaron, il y en a beaucoup. Après tout, avec une grossesse aussi spéciale, c'est normal qu'il ait un prénom spécial.

On va se coucher, mais je ne dors pas de la nuit. Je suis trop excitée en pensant au lendemain. En même temps, je cogite sur les prénoms. Petit à petit, j'établis une petite liste dans ma tête. Je trouve quelques prénoms, j'en invente. Je les note sur mon téléphone pour ne pas les oublier d'ici au lendemain. J'écris Layam, Layonn, Leiyon, Kaylone, Mayron, Maylone… Moi, j'ai mon favori dans la tête, mais j'ai hâte de voir avec Thibault. Seulement lui, il est déjà loin dans son sommeil, et je ne vais pas le réveiller pour ça.

Le lendemain, ma cuisine est transformée. En même temps que je me maquille dans le lit installé dans le salon, je contemple cette magnifique décoration comme une enfant. Il y a des ballons bleus, blancs, argentés, des ballons en forme de bébé avec des petits pieds, des ballons pailletés, des peluches, des biberons… Tout est parfait. Même si je n'ai pas une grande fête avec plein d'invités et toute ma famille, j'ai quand même droit à une mini fête avec une décoration d'enfer. Mon mari est vraiment un amour. Il fait tout pour essayer de me donner des petits plaisirs. Je me lève cinq minutes, je prends des petites photos souvenirs avec Thibault, mes frères et les chiens, et voilà cinq minutes de bonheur. Puis je retourne dans mon lit au milieu du salon, et on envoie les photos à nos parents pour partager ça à distance avec eux.

Autour de la table du déjeuner, je propose ma petite liste de prénoms à Thibault et à mes frères pour voir ce qu'ils en pensent. Et là, sans que je dise rien, tout le monde tombe d'accord tout de suite : Maylone. Thibault essaye ce prénom, s'imagine parler à son fils : « Maylone, *come here please…* » Je ne sais pas pourquoi il s'imagine lui parler en anglais, mais en tout cas, il kiffe de ouf ! Il regarde sur internet pour voir s'il en existe d'autres. Il y en a, oui, mais très peu. Environ 700 personnes dans le monde entier. Je suis trop contente. Ce prénom qui fait l'unanimité, c'était mon préféré. Et voilà, notre fils s'appellera MAYLONE. Tellement mignon ! J'ai hâte de voir sa bouille d'ange.

Stéphanie Durant, mon amie des « Marseillais », et son chéri Théo, qui sont là pour leur installation à Dubaï, viennent nous voir. En voyant la décoration, les ballons bleus et tout ça, ils comprennent aussitôt qu'il s'agit d'un petit garçon. On leur dit évidemment de bien garder le secret, et on garde pour nous le prénom de notre futur enfant parce qu'on voudrait le dire à notre famille d'abord. Du coup, après le départ de Steph et Théo, on décide d'appeler nos parents pour leur annoncer le prénom de leur futur petit-fils. Eux aussi valident immédiatement le choix, et sont trop contents, tout comme Quentin, le frère de Thibault, qui kiffe aussi ce prénom.

Après le départ de mes frères, nous n'avons plus aucune visite de prévue. Ça y est, l'été est terminé, mais grâce à eux et à tous ceux qui sont venus nous voir pendant une semaine, le temps est passé beaucoup plus vite, et Thibault a été un peu déchargé de toutes les tâches qu'il assume tout seul sinon.

# LA FIN DE L'ÉTÉ

Le 25 août 2019, ma gynécologue est de retour de vacances, et je vais la voir. Sortir de chez moi et prendre l'air me fait tellement plaisir.

Tous les tests sont bons, tant pour moi que pour Maylone. L'échographie est super. On voit tout du bébé, ses mains, ses pieds, ses organes tous bien développés. C'est la dernière fois que nous le voyons comme ça. La prochaine, nous le tiendrons dans nos bras. La gynéco me demande si elle peut afficher la photo de Maylone sur le mur de la clinique comme « plus beau bébé de la semaine ». J'éclate de rire et j'accepte, bien sûr. Je trouve qu'il ressemble à son père, sur la photo de l'échographie. Tant mieux. En même temps, ça lui évitera de faire de la chirurgie esthétique plus tard !

Au moment où nous partons, elle me dit que, exceptionnellement, comme je suis déjà levée et que tout va bien, nous pouvons aller au restaurant avant de rentrer, mais pas longtemps. Vous n'imaginez pas à quel point je suis contente.

C'est la première fois depuis le 12 juin que je peux faire une activité normale comme aller au resto avec Thibault en amoureux. Nous prenons tout ce qu'il y a sur la carte, ou presque.

En plus, ça nous change de la cuisine de Thibault. Même si je lui suis extrêmement reconnaissante de tous ces bons petits plats qu'il me prépare depuis que je suis alitée, il faut bien dire qu'au bout d'un moment, il ne sait plus trop quoi cuisiner, et donc que ça finit par devenir un peu monotone. Lui aussi est ravi de manger autre chose, d'ailleurs.

Julien nous rejoint là-bas et nous demande si nous pouvons enfin dire le sexe du bébé. Nous lui annonçons joyeusement que c'est un petit gars. Du coup nous prévenons aussi nos amis proches et, quelques heures plus tard, nous rendons enfin l'information publique sur les réseaux sociaux. Comme ça, au moins, nous n'aurons plus peur de gaffer en disant « mon fils » !

# ALORS, ON FILME ?

Mardi 27 août 2019. Mon producteur m'appelle pour nous demander si on veut que l'accouchement soit filmé, avant, pendant, après. Julien et Manon l'ont fait, Carla et Kevin vont le faire, donc il nous pose la question aussi.

Pour moi, c'est non tout de suite. Nous en avions parlé avec Thibault, et nous sommes d'accord sur le fait que, même si nous montrons beaucoup de choses de notre vie, nous voulons garder une part d'intimité. Et la naissance de notre enfant, de notre premier enfant, c'est notre moment à nous.

Ben essaye bien de nous faire changer d'avis, en disant que nous montrons déjà tout sur les réseaux sociaux et que la télévision, c'est la même chose en plus qualitatif. Mais rien n'y fait, nous refusons. Franchement, nous ne savons pas comment ça va se passer, et surtout, comment nous allons vivre ce moment. Ben est déçu, mais évidemment, il accepte et respecte notre choix.

Quelques jours plus tard, il me rappelle et me demande de venir participer au tournage du prochain épisode des « Marseillais » qui aura lieu en novembre, même pour une petite semaine.

Là encore, nous refusons. Il ne comprend pas. J'essaye de lui expliquer que notre fils aura tout juste deux ou trois semaines, mais que même s'il naissait plus tôt, la réponse serait la même. Il est vrai que j'ai quitté « Les Marseillais en Asie » en cours d'émission, que je n'ai pas participé au « cross » (« Les Marseillais vs le Reste du monde » à Faro, au Portugal) cet été, et que cela fait du coup longtemps que je n'ai pas participé à une aventure des

« Marseillais », mais à ce stade, ce qui compte le plus pour moi, pour nous, c'est notre fils, notre couple, et pas la téléréalité.

En plus, je ne sais pas trop où j'en suis de ce côté-là. Je sais que je suis à un tournant de ma vie, et je ne sais pas quelle direction je prendrai ensuite. Mais ce que je sais, c'est qu'il est hors de question que je laisse mon nouveau-né chez moi pour aller dans une villa parler d'histoires d'amour, de rapprochements, de disputes, sortir le soir et ne pas être collée à lui.

Ben me propose de louer une maison à côté de la villa pour que je puisse aller le voir régulièrement. Mais non, pas possible. Peut-être est-ce dû à la peur de le perdre, mais je ne le lâcherai pas avant un certain temps et encore moins pendant un mois. Bien sûr, j'adore mes fratés, l'ambiance des tournages, la production, etc., mais là, c'est non.

Mon producteur, qui ne lâche décidément pas facilement l'affaire, me propose de faire venir le tournage ici, à Dubaï, si nous ne voulons pas quitter notre fils. Il propose que toute la bande vienne deux jours à Dubaï pour voir notre fils. Comme ça les Marseillais commenceraient leur saison par Dubaï avant d'aller dans leur destination finale. Là, en revanche, Thibault et moi sommes tout de suite d'accord. Je serai sur place avec mon fils à côté de moi. Rien à voir avec le fait de partir à l'autre bout du monde en le laissant.

3 septembre 2019. Je suis trop contente. Non seulement Célia et Olive reviennent de vacances, mais en plus, Stéphanie Durant et son chéri Théo viennent s'installer à Dubaï dans quelques jours. Stéphanie et moi avons eu une amitié fusionnelle pendant longtemps, puis on s'est perdues de vue, mais depuis, nous avons réglé nos différends, et donc, je suis ravie de savoir que deux de mes amies seront maintenant proches et qu'elles viendront me voir régulièrement. Le temps passera vite.

# LA VALISE POUR LA MATERNITÉ

7 septembre 2019. Thibault se moque de moi sur les réseaux sociaux, disant que je suis trop stressée par la valise qu'il faudra emporter à la maternité le jour de l'accouchement. Bon, c'est vrai que cela fait un moment que je le harcèle pour qu'il m'aide à préparer cette fichue valise. Lui me répond toujours qu'on a le temps et du coup, on n'a toujours rien fait. Ça me frustre, car si je pouvais me lever, elle serait bouclée depuis longtemps. C'est vrai, après tout, on ne peut pas savoir quand l'accouchement va se déclencher, et à ce moment-là, on n'aura plus le temps du tout.

Alors, pour me venger de ce post moqueur de mon mari, je demande aux milliers de gens qui nous suivent sur Snapchat et sur Instagram de dire à Thibault que c'est important de faire la valise à l'avance pour qu'elle soit prête le jour de l'accouchement. Et là, tout le monde s'exécute gentiment, et nous recevons toute la journée des tonnes d'histoires de pères en panique le jour où leur femme perd les eaux, des anecdotes toutes plus drôles les unes que les autres. Thibault finit par prendre la chose au sérieux et se rend compte que si je lui dis d'un coup que c'est le moment de partir pour l'hôpital, ça va être une catastrophe pour lui aussi si rien n'est prêt.

Le lendemain à la première heure, Thibault me dit : « Dépêche-toi, il faut faire ta valise, c'est hyper important » Je suis morte de rire. « Mais, dit-il, qu'est-ce qu'on met dedans ? » Je lui réponds : « Ben, vas-y, toi. Qu'est-ce que tu mettrais ? » « Ben, je ne sais pas, moi. Des couches, un biberon et du lait ? » dit-il. J'éclate de rire. Ce sont les trois choses dont on peut être sûrs qu'il y en aura plein à l'hôpital, en fait. Je lui dis : « On va la faire ensemble, cette valise, sinon on va être dans la m… » Il est trop mignon. Super investi, très attentionné. Il me demande plusieurs fois si je suis bien sûre qu'on n'a rien oublié. Quand la valise est faite, j'ai le sourire, et nous sommes tous les deux rassurés. Surtout lui, finalement !

# LE BOUT DU TUNNEL

15 septembre 2019. Fin de la 33e semaine de grossesse. Une contraction terrible, une vraie contraction de travail me réveille. Je prends rendez-vous avec ma gynéco. Je suis un peu inquiète de la violence de cette contraction, mais trop contente de sortir et d'aller voir notre fils sur son écran.

Elle me félicite d'être arrivée à la 34e semaine. Elle est fière de moi, et moi encore plus. C'est un palier énorme, car on sort de la grande prématurité. Maylone va bien et pèse 2 kilos. Nous sommes tellement contents. Enfin, après toutes ces semaines, nous voyons le bout du tunnel. En plus, elle nous dit qu'à partir de demain, nous pourrons sortir une fois par semaine si je n'ai pas de contractions et si je me sens bien. Elle sait que je fais très attention et elle me fait confiance.

Du coup on file au resto en sortant, comme la gynécologue nous y a autorisés. Je profite encore de ce moment précieux, même si en fait, rester assise est assez dur pour moi car mon dos, qui n'est plus habitué à se tenir tout seul, me fait très mal. Marcher me fait mal aussi car mes muscles, surtout ceux des mollets, ont perdu beaucoup et n'arrivent plus à bien faire leur travail. Je rentre à la maison hyper heureuse de toutes ces bonnes choses, mais épuisée. Je n'ai plus la force de sortir deux heures de suite, moi !

Le lendemain, c'est la fête. J'ai une pêche d'enfer, le sourire collé au visage. Plus aucun moment où je ne me sens pas bien. Je me rends compte qu'on arrive au bout. Je ne crains plus de perdre mon fils. En revanche, j'ai peur de l'accouchement ! Mais ça n'a rien à voir. Tellement plus facile à gérer.

Tiens, à propos de mes muscles qui ne marchent plus bien, eh bien, ce matin, en me brossant les dents, j'ai fait tomber le dentifrice et en me penchant pour le ramasser je suis tombée sur les carreaux de la salle de bains. Mes jambes ne me portaient plus, et je ne pouvais pas me relever. Ça fait vraiment bizarre de ne pas pouvoir contrôler son corps comme ça.

J'ai oublié de vous parler des cours de préparation à l'accouchement que Thibault et moi prenons avec la sage-femme. C'est génial. Elle nous apprend tout : ce qu'il y a dans mon ventre (placenta, cordon ombilical, etc.), comment le bébé va sortir, à quoi ressemblent les contractions, ce qu'il faudra faire lorsqu'il sortira, les biberons, le change, etc. Thibault m'épate et m'émeut. Il est hyper impliqué, pose des dizaines de questions, et se prend d'affection pour le poupon qui sert à faire les démonstrations ! En plus, il se débrouille très bien. Le 19 septembre, c'est notre dernier cours et là, ça y est, on sait tout ce qu'il faut savoir pour devenir parents… ou presque ! Mais nous sommes morts de trouille.

Je me fais faire des massages pour femme enceinte, aussi parce que mon corps ne fonctionne plus du tout normalement puisqu'il est au repos tout le temps. Mais je pense que c'est utile, et agréable, pour toutes les femmes enceintes.

Lundi 30 septembre 2019. Je peux sortir maintenant deux fois par semaine. Je suis tellement contente que je décide d'aller chercher ce qu'il faut pour la chambre de notre fils. C'est la première fois que je sors de chez moi depuis le 12 juin sans que ce soit pour une raison médicale. Un grand jour ! Thibault et moi, nous nous regardons. Nous sommes si heureux d'avoir traversé tout ça, de pouvoir profiter maintenant d'être dehors ensemble et de pouvoir enfin choisir la chambre de notre enfant.

Dans cinq jours, on me retire mon cerclage. À partir de là, ça devrait arriver très vite. Alors, je range, je lave, je jette toutes les choses inutiles accumulées du fait que j'ai été alitée pendant près de quatre mois. J'ai envie de retourner la maison. Toutes les pièces y passent. Les chiens sont sidérés, et Thibault craque. Il paraît que c'est ce que l'on appelle « l'instinct de nidification », c'est-à-dire que la mère prépare le nid pour l'enfant. En tout cas, je peux vous jurer que ma maison n'a jamais été aussi nickel !

# ON SE PRÉPARE À L'ARRIVÉE DE MAYLONE

6 octobre 2019. 36e semaine de grossesse plus six jours. Si Maylone naît demain, il ne sera même plus prématuré. Je suis tellement fière de moi, de nous. On s'est battus, ça n'a vraiment pas été facile, mais aujourd'hui, c'est la délivrance, la récompense. Je vais pouvoir reprendre une vie normale. J'en ai rêvé, j'y suis.

Rendez-vous chez la gynécologue. Elle me retire mon cerclage. Ça fait hyper mal, mais ça ne dure pas longtemps. Mon col est ouvert à un centimètre. Ça veut dire que sans ce cerclage, mon bébé serait sûrement parti bien avant et n'aurait peut-être pas vécu.

Mais là, il va bien, son cœur bat bien. Sa tête est en bas, bien positionnée. Il est prêt à sortir. Je me languis de l'avoir dans les bras.

Je pèse 70 kilos alors que, à la base, j'en pèse 56. J'ai donc pris 14 kilos en étant alitée. Franchement, ça va.

Nous rentrons à la maison, finissons de préparer la chambre de notre fils et, pour fêter la reprise de la vie normale, décidons d'aller au restaurant avec Célia et Olive. Enfin, je peux enfiler pour la première fois un pantalon de femme enceinte que je n'ai jamais eu l'occasion de mettre jusque-là. Nous kiffons bien cette soirée presque normale.

# L'ACCOUCHEMENT

Dans la nuit qui suit, à 4 heures du matin (le 7 octobre 2019, donc), je me réveille en sursaut avec la sensation bizarre de sentir de l'eau chaude couler sur mes jambes. Je perds les eaux. Ça y est. C'est parti. Je réveille Thibault doucement. « Chéri, j'ai perdu les eaux. C'est maintenant. Il faut qu'on aille à la clinique. » Il me regarde et me répond tout doucement aussi : « OK. On y va. » Nous nous levons très calmement, je préviens ma gynécologue, qui elle-même prévient la clinique, et je prends une douche.

La perte des eaux est tellement abondante que je n'arrive pas à quitter la douche. La gynécologue m'appelle et me demande pourquoi je ne suis pas encore partie. Je lui explique que je n'arrête pas de perdre les eaux. Elle me dit de mettre une grosse serviette de bain entre les jambes et de partir de chez moi vite fait. Quand on perd les eaux, il faut intervenir rapidement, car le bébé n'est plus protégé et une infection peut arriver.

Je rigole et je pleure à la fois tout en m'habillant. Ça fait rire Thibault, que je vois s'habiller en jogging de l'OM et mettre du gel. Je lui demande pourquoi il met du gel pour aller dans un hôpital à 4 heures du matin, et il me répond : « Pour que mon fils me voie beau. » Comme c'est mignon. Il est tellement chou, mon mari. Dans la voiture qui nous amène à la clinique, nous écoutons Bob Marley dans le plus grand calme.

Nous savons que c'est la dernière fois que nous sommes deux dans notre vie.

À l'hôpital, la prise en charge est immédiate. Je perds vraiment beaucoup les eaux, mais je n'ai pas de contractions. Mon col est ouvert à quatre centimètres. Ma gynécologue vient me voir et me dit que je peux me reposer, car l'accouchement prendra plusieurs heures. Thibault me tient compagnie. Nous sommes à la fois heureux, stressés et calmes. On ne sait pas trop ce qui nous arrive. En tout cas, je me sens bien, et je n'ai toujours pas de contractions.

Enfin, jusqu'au moment où je me tourne pour m'endormir. Là, une énorme contraction me saisit. Je n'ai jamais eu aussi mal de ma vie. Je sens mon bébé qui descend dans mon ventre et les contractions qui n'arrêtent plus, qui arrivent comme des vagues. J'ai mal, j'ai si mal, je m'accroche au lit de toutes mes forces. Je vois dans le regard de Thibault qu'il est en panique. Il ne sait pas quoi faire, et il ne peut rien faire pour moi. Je lui demande la péridurale. Ces contractions-là, cette douleur n'a rien à voir avec les petites contractions que j'ai connues pendant ma grossesse. Quand le vrai travail commence, croyez-moi, on le sait tout de suite.

Le personnel soignant arrive, me fait asseoir sur le bord du lit et m'enfonce la longue aiguille de la péridurale dans le dos. Moi, je ne sens pas grand-chose, mais je vois Thibault faire une tête d'un autre monde, à la limite de tourner de l'œil. Et puis, la péridurale fait effet, et je ne sens plus la douleur. Je ne sens plus mes jambes non plus d'ailleurs, mais au moins, je peux souffler.

Thibault va chercher quelque chose à manger pour lui et pendant ce temps, tout à coup, sage-femme, gynécologue, infirmières débarquent dans ma chambre, se mettent en tenue complète avec masque, bonnet, combinaison, lunettes, etc. Je panique. Thibault revient, surpris de voir toute cette agitation dans ma chambre.

Je me mets à pleurer, je dis que je ne veux plus d'enfant, que je ne suis pas prête, que je n'arriverai pas à l'aimer. J'ai l'impression que mon monde s'effondre, que je ne vais pas y arriver. La panique totale ! Ma gynécologue me demande de pousser. Je hurle : « Non, je ne veux pas qu'il sorte, je veux qu'il reste dedans ! » Thibault me rassure, me tient la main, me dit qu'il est là, que ça va aller, mais moi, je perds la boule.

Ma gynécologue voit apparaître le haut du crâne de notre bébé et nous dit qu'il est blond. Thibault et moi, on se regarde en même temps. « Blond ??? » Nous n'avions pas imaginé un instant qu'il puisse être blond.

Mais pour qu'il sorte, il faut que je pousse. Moi, je ne veux pas qu'il sorte, je veux qu'il retourne là d'où il vient. Ma gynécologue ne veut plus discuter : il faut pousser maintenant, et c'est tout. Le problème, c'est que je n'ai pas pu faire les exercices pendant ma grossesse, car mon col était très rétréci, et en plus, les contractions que je ressentais déjà faisaient que ce n'était pas recommandé.

Heureusement, pour m'épauler, il y a la chef des sages-femmes de l'hôpital. Elle ne parle qu'anglais, mais je me focalise entièrement sur sa voix. « *Push, my dear, push.* » Ces mots résonnent dans mes oreilles tandis que je ne lâche pas le regard de Thibault. On se fixe les yeux dans les yeux, et je vis alors la plus belle complicité du monde avec mon mari. C'est tellement intense. Je l'aime à en mourir. Il ne me lâche jamais, et surtout pas quand j'ai tellement besoin de lui, comme à ce moment-là.

Puis, elle me dit d'arrêter de pousser, car il faut qu'elle sorte l'épaule. Je ne vois rien de ce qui se passe, mais je fais tout ce qu'elle me dit. Je dis à Thibault de ne jamais regarder en bas ce qui s'y passe. Je ne veux pas qu'il soit dégoûté de voir ma schtroumpfette écartelée. Je pousse encore deux ou trois fois, et là, elle jette mon fils sur moi.

Le choc est incroyable. L'instant d'avant, je suis concentrée sur le fait de pousser, et tout d'un coup mon fils est sur moi. Thibault se met à trembler, à pleurer. Notre fils est là. Tout violet et si petit. On dirait un petit animal. Comment est-ce que j'ai pu sortir ça de mon ventre ? Thibault pleure et n'ose pas le toucher. Moi, j'y vais du bout du doigt, et je le caresse doucement. On me le reprend très vite pour l'envelopper et lui mettre un bonnet, puis les nurses le prennent en charge pour le nettoyer, le mesurer, etc. Je reste sur la table de travail en attendant que le placenta sorte. L'accouchement s'est déroulé hyper rapidement, en trente-huit minutes.

Je peux enfin souffler un peu. Thibault, lui, déjeune tranquillement. Oui, oui, vous ne rêvez pas : les émotions, ça creuse, alors Thibault mange.

Je le regarde déjeuner, mais je vois aussi ma gynéco s'activer, l'air inquiète. Je vois que ça ne va pas, il se passe quelque chose. Elle me dit : « Jessica, ça fait trente minutes que vous avez accouché. Le placenta ne sort pas. Il faut que j'aille le chercher, sinon ça peut entraîner une hémorragie, et ça, ça peut être grave. » Je lis dans son regard que ce n'est pas normal. Je commence un peu à stresser. Son visage est sérieux, concentré. Elle dit : « J'y vais. »

Alors, elle enfonce tout son avant-bras dans mon ventre.

Je hurle de douleur, j'insulte la terre entière. Je ne sens rien au niveau du bassin grâce à la péridurale, mais là, c'est une douleur atroce. Elle me trifouille à l'intérieur, et je sens tout. C'est horrible. Elle m'explique : « Le placenta est collé ; il faut que je le décolle. » Elle sort un gros bout de truc horrible et dégueulasse, on dirait des boyaux. Elle me dit : « J'y retourne. » Je garderai toute ma vie le souvenir horrible de ce moment où elle gratte sous mes côtes pour décoller le placenta. Elle ressort tout ce qu'elle peut, puis elle enfonce son avant-bras une troisième fois pour vérifier qu'il ne reste plus rien. Je sens sa main partout en moi. Je hurle encore. Enfin, elle me dit : « C'est bon, c'est fini, là. »

Je reprends mon souffle, et l'infirmière nous redonne notre fils. Quelle joie !

Nous prenons nos toutes premières photos à trois. C'est un moment magique.

Notre fils MAYLONE ANGE GARCIA, 2,190KG et 48 centimètres est né ce matin du 7 octobre 2019 à 9 h 54.

# MAYLONE A UNE GRAVE MALFORMATION

En regardant mon tout nouveau bébé, j'ai l'impression qu'il respire mal. Je vois sa cage thoracique monter et descendre très fort. C'est vraiment une respiration bizarre. D'ailleurs, j'ai l'impression que les infirmières le regardent bizarrement, elles aussi. Elles nous disent qu'en effet, Maylone respire mal, et qu'il doit aller en couveuse pendant quatre heures.

La réalité sera bien différente.

Quatre heures plus tard, je demande à Thibault d'aller voir où en est Maylone.

Quand Thibault arrive en bas, on lui dit aussitôt qu'il y a un problème. Il m'appelle. À mon tour, je descends aussi vite que je peux en fauteuil roulant. Le personnel de la clinique essaye de nous expliquer en anglais quel est le problème. Ils nous font des dessins pour que l'on comprenne. Je comprends alors qu'ils se sont rendu compte que quelque chose n'allait pas quand ils ont voulu le nourrir. Ils ont fait des radios, et le diagnostic est terrible : il faut l'opérer tout de suite, et ça ne peut pas être à la clinique, mais dans un grand hôpital par un chirurgien spécialiste des opérations sur les nouveau-nés. Ils s'occupent de trouver le bon chirurgien, le bon hôpital, d'organiser le transport en ambulance, etc.

Maylone a une atrésie de l'œsophage de type III et une trachéomalacie.

ATRÉSIE DE L'ŒSOPHAGE
ET TRACHÉOMALACIE

**L'atrésie de l'œsophage** est une malformation de l'œsophage présente dès la naissance. Chez les bébés qui ont une atrésie de l'œsophage, celui-ci est interrompu et se termine en cul-de-sac : les aliments ou la salive ne peuvent donc pas être amenés dans l'estomac. Les liquides s'accumulent dans le haut de l'œsophage et retournent dans la bouche. Par conséquent, les bébés « recrachent » et ont un excès de salive. Ils ne sont donc pas en capacité de se nourrir et peuvent mourir très vite si on ne les opère pas.

**La trachéomalacie**, c'est quand la trachée, le tuyau qui relie la bouche aux poumons, est trop molle et ne permet donc pas à l'air de s'écouler librement dans les poumons, ce qui peut conduire le bébé à s'étouffer.

En plus, s'il y a connexion entre l'œsophage et la trachée, la respiration est difficile, car une partie de l'air passe dans l'œsophage. Dans l'autre sens, la salive et le lait peuvent passer dans les poumons, provoquant ce qu'on appelle « une fausse route ». Ces fausses routes sont dangereuses, car la respiration est alors difficile et le bébé peut s'étouffer. Elles peuvent également entraîner des infections graves des poumons.

Je m'effondre. Je ne sais pas si mon fils va vivre ou pas. Je pleure toutes les larmes de mon corps et de mon cœur. Cet immense moment de bonheur se transforme aussitôt en cauchemar.

Je pleure sans cesse, je culpabilise, je me dis que j'ai mal « construit » mon fils, mais en même temps, je sais que j'ai fait attention à tout, alors je ne comprends pas. Pourquoi lui, pourquoi moi, pourquoi c'est à nous que ça arrive ?

Nous restons tout le temps avec lui, mais quand arrive l'ambulance pour le transfert à l'hôpital, je ne peux pas le suivre, partir avec lui. J'ai l'impression qu'on m'arrache une partie de moi. C'est la pire sensation qui soit. Mon Maylone n'a même pas dix heures d'existence, et il va déjà subir une opération chirurgicale dangereuse, et il n'a toujours rien mangé. C'est horrible.

Évidemment, nous avons disparu des réseaux sociaux depuis un bon moment. Je reçois plein de messages de félicitations de gens qui en ont conclu que j'avais accouché. Mais à ce moment-là, Thibault et moi, nous avons envie de disparaître, de ne plus recevoir de messages de félicitations, de rester tous les deux entre nous. Alors, bien obligés, nous annonçons la naissance de Maylone, mais nous disons aussi qu'il y a des complications, sans entrer dans les détails.

À la suite de ce post qui a été vu plus d'un million de fois, nous avons reçu plus de 67 000 commentaires, tous positifs et bienveillants. Je n'avais jamais vu ça.

Dès le lendemain matin, je signe une décharge à la clinique et me précipite à l'hôpital Latifa avec Thibault. Les gens sont choqués de me voir bouger et marcher comme ça seulement vingt-quatre heures après avoir accouché, mais je m'en fous. J'ai mal, je marche mal, les jambes écartées, mais il faut que j'aille voir mon fils, et je refuse de me plaindre.

À l'hôpital, mon fils est dans sa couveuse, tellement petit ! Je lui parle, je n'arrête pas de lui parler. Je lui dis tout, je ne lui cache rien, mais je minimise tout aussi. Je lui explique que tout ça n'est rien, que c'est un super-héros et que ça va aller, qu'il a plein de copains ici (il y a une soixantaine de bébés en service de néonatalité), que lui, c'est le plus fort, mais qu'il ne faut pas le dire. Je lui raconte tout ce qui va se passer, qu'on va l'opérer, mais que ce n'est rien, qu'il ne va rien sentir. Je sais qu'il comprend tout ce que je dis. Je lui chante des chansons aussi. Je veux lui parler tout le temps pour qu'il entende ma voix à chaque seconde. Dès que les machines font bip-bip, je lui dis que ce n'est pas grave, qu'il ne faut pas les écouter, que ce ne sont que des chiffres.

# L'OPÉRATION DE MAYLONE

Nous devons rentrer à la maison sans lui. Sans Maylone. Nous défaisons sa valise en pleurant. Tous ces vêtements de naissance que j'avais préparés et qui n'ont pas été utilisés. Je m'étais fait un film de notre retour à la maison, mais jamais je n'avais imaginé y revenir sans bébé. Nous pleurons beaucoup dans les bras l'un de l'autre.

L'opération de Maylone a lieu le lendemain, le mercredi 9 octobre. Thibault et moi accompagnons notre fils jusqu'à la dernière porte, jusqu'à la dernière seconde. Je lui dis qu'on sera là dès qu'il ouvrira ses petits yeux, c'est promis, qu'il va faire un gros dodo et que l'anesthésie, c'est cool. Que maman en a fait plein, et qu'il ne pourra jamais battre maman !

Une intervention lourde et longue : cinq heures sur la table d'opération ! Je pleure sans arrêt. Je ne pensais pas avoir autant de litres de larmes dans mon corps. Nous restons durant des heures devant le panneau des blocs opératoires. Devant le numéro qui est celui de Maylone, toujours la même mention : en cours.

Peu de temps avant que l'opération soit terminée, un infirmier très gentil avec nous, Ramzy, vient nous voir et nous dit que tout se passe bien au bloc opératoire. Il nous montre même la vidéo pour qu'on comprenne l'intervention qui vient d'avoir eu lieu. Thibault refuse de la regarder, car il a peur de ne pas supporter les images. Moi, j'ai besoin de savoir et de comprendre ce qu'il s'est passé.

Lorsque, enfin, l'opération est terminée et que nous pouvons voir notre fils, c'est une vision terrible qui nous attend.

Maylone est inconscient, si petit dans sa couveuse avec plein de câbles partout, des sondes, des perfusions dans son nez, dans sa bouche, dans sa jambe, dans son pied, dans son zizi, des machines branchées sur son corps minuscule. Les médecins vont le garder en coma artificiel comme ça pendant deux jours ! Autant vous dire que ça nous fait flipper.

Finalement, il ouvre ses petits yeux, et nous sommes là, Thibault et moi, pour lui sourire. Je m'efforce de tenir le coup devant lui, pour le rassurer. Je lui parle, je chante, je rigole, et je ne pleure jamais devant lui. Mais quand je sors dans le couloir, je m'effondre.

Après plus d'une semaine et demie de silence, il faut bien se résoudre à communiquer à nouveau sur les réseaux sociaux. Notre silence permet à n'importe qui de dire n'importe quoi, et notamment que notre fils est mort, alors il va bien falloir que nous réapparaissions.

Nous décidons de dire tout ce qu'il se passe, de décrire la situation telle qu'elle est. C'est très dur pour moi, car je n'arrive pas à parler sans pleurer, mais je sais que beaucoup de gens ont vécu cette grossesse avec moi, qu'ils ont été là, avec moi, tout le temps, si gentiment et avec bienveillance. Alors, je me dois de leur dire la réalité de ce qui se passe, et c'est en pleurant et avec la gorge nouée que je le fais. J'explique que l'opération s'est bien passée, mais que Maylone a encore plein de tuyaux, qu'on doit attendre, et que tout cela prendra un peu de temps. Je dis aussi que Thibault n'a toujours pas pu prendre son fils dans ses bras.

Je me sens d'un coup tellement soulagée d'avoir partagé ma douleur ! C'est fou le bien que ça nous fait. Nous recevons des tonnes de messages, des vagues entières de soutien, des milliers de témoignages de mamans à propos de l'atrésie de leur enfant. Enfin, je ne me sens plus seule. Beaucoup de ces mamans me disent que leur enfant va bien aujourd'hui, qu'il grandit bien et que tout ça n'est plus qu'un mauvais souvenir. Il y a même des gens nés avec une atrésie qui m'encouragent, me rassurent. Je ne pourrai jamais remercier toutes ces personnes qui nous ont écrit et nous ont soutenus. Tout cet amour, cette positivité et ce courage qu'ils m'ont donnés ont changé tellement de choses pour moi. Alors si vous lisez ceci et que vous m'avez encouragée à ce moment-là, je vous dis merci, merci, merci.

À partir de là, notre moral étant reboosté, nous postons régulièrement sur les réseaux. Nous donnons des nouvelles de Maylone et de sa santé, d'autant plus qu'il va de mieux en mieux, petit à petit.

# RETOUR À LA NORMALE (ENFIN PRESQUE)…

Maylone va chaque jour de mieux en mieux. Petit à petit, on lui enlève des tuyaux. Il en a tellement ! Je n'en ai jamais vu autant sur une seule personne et surtout sur un si petit corps. Chaque tuyau qu'on lui retire, c'est une victoire, un pas vers la guérison.

Finalement, au bout de seize jours en soins intensifs en néonatalité, Maylone est autorisé à aller dans une chambre normale. On nous propose alors de suivre un stage de secourisme, pour savoir ce qu'il faut faire si un jour une complication arrive tout d'un coup. Comme tout est en anglais, Thibault n'est pas très chaud. Moi, j'ai envie d'essayer. Alors, malgré la barrière de la langue, je fonce, et en m'entraînant sur le poupon, j'arrive à retenir les gestes !

Enfin, le 21 octobre 2019, nous rentrons tous les trois à la maison. Thibault et moi sommes surexcités. Nous habillons Maylone ensemble et partons comme des voleurs de l'hôpital, trop contents de quitter cet endroit où nous avons eu si peur.

Maylone est enfin dans son lit à lui, habillé du petit pyjama que j'avais préparé pour lui. Quel bonheur ! Nous sommes exténués, mais tellement contents.

Puis c'est le temps des premiers biberons. Nous nous partageons la tâche. La nuit, on se réveille tous les deux pour le lui donner. Ça ne durera qu'un temps !

Très vite, le rythme des biberons nous épuise. À l'hôpital, Maylone a pris l'habitude de prendre un biberon toutes les trois heures. C'est pareil chez nous, mais voilà, il faut bien compter une heure par biberon car, comme vous le savez, on ne peut pas coucher un enfant après un biberon s'il n'a pas fait son rot.

Avec Maylone, c'est une vraie galère, car ça met des heures à sortir. Thibault y arrive mieux que moi. D'ailleurs, il en est très fier, mais ça prend quand même tellement de temps qu'il ne nous reste en gros plus qu'une heure et demie avant de... recommencer. Et il n'y a rien de plus fatigant que le manque de sommeil. Toutes celles et tous ceux d'entre vous qui ont connu ça le savent.

C'est bizarre, quand je donne à manger à Maylone, il fait de drôles de bruits, et on dirait qu'il a du mal à respirer. Il me regarde comme un oisillon perdu. J'ai envie de l'aider, mais je ne sais pas quoi faire. Je ne comprends pas. Je ne pouvais alors pas imaginer la suite...

# MAYLONE QUI MEURT…
# ET QUE JE RESSUSCITE !

Le 3 novembre, pendant que Thibault donne le biberon à Maylone, nous avons une première grosse alerte. Tandis que je suis à l'étage, j'entends Thibault hurler en bas. Je me précipite. Maylone est bleu, violet, puis blanc. On appelle aussitôt les urgences. Le temps qu'ils arrivent, Maylone reprend peu à peu des couleurs normales, mais il reste très pâle. Nous l'emmenons à l'hôpital en urgence. Nous restons des heures là-bas, mais finalement, ils nous disent que ce n'est rien. J'avoue ne pas avoir compris tout ce qu'ils disaient, mais bon, je repars rassurée, enfin en partie.

Le 6 décembre, alors que Maylone va bientôt avoir deux mois, nous allons au restaurant du Mandarin Oriental de Dubaï avec Jarry, l'humoriste et présentateur de télé que vous connaissez. Il nous présente Nathanaël, un de ses amis, très sympathique aussi. Vers la fin du repas, Jarry part faire une course et nous laisse avec son ami Nat. Nous prenons un dessert, tranquilles, quand Maylone réclame un biberon. Je le lui donne, tout va bien. Au moment de faire son rot, je le prends contre moi, sa tête sur mon épaule, et je tapote doucement son dos, comme l'ont fait tant de mamans tant de fois.

Mais là, tout à coup, Maylone hoquette, tousse, fait des bruits d'étranglement, s'étouffe. Je le regarde, je lui parle, mais aucune réaction de sa part. Il pâlit, puis devient bleu, de plus en plus foncé, puis violet, presque noir. Quelle horreur ! Aucun bruit, aucun souffle ne sort de sa bouche. Je panique, je le donne à

Thibault en lui disant de faire quelque chose, mais le voilà qui panique à son tour.

Maylone ne respire plus. Il devient tout mou, ne bouge plus du tout.

La terreur m'envahit. Je le reprends, j'essaye de le mettre à l'envers, je lui donne des tapes dans le dos comme j'ai appris à le faire lors du stage de secourisme, mais aucun résultat. Du lait sort de son nez, de sa bouche, mais il reste tout violet et ne respire toujours pas. Il me semble que ça fait des heures qu'il ne respire plus, qu'il ne bouge plus.

Je ne peux pas croire ce qui est en train d'arriver.

Alors je me mets à crier, je hurle : « À l'aide ! Appelez les pompiers ! » en français, en anglais. Je le donne à Nat, qu'on vient de rencontrer. Lui non plus ne sait pas quoi faire, mais il a la bonne réaction. Il me dit : « Cours avec ton bébé, saute dans un taxi et fonce à l'hôpital. Tu laisses tout ici, je m'occupe des affaires. »

Thibault prend Maylone contre lui, et nous partons aussitôt en courant. Thibault devant, moi derrière. Je hurle, je pleure, je prie de toutes mes forces. « S'il te plaît, mon Dieu, ne me fais pas ça. Pas ça. PAS ÇA ! » Il ne peut pas nous arriver ça. Pas après tout ce qu'on a vécu.

On dirait un cauchemar, un film d'horreur.

Thibault a du sang partout sur son T-shirt. Du sang de Maylone, sorti de sa bouche. La situation est vraiment grave. C'est tellement long de traverser cet hôtel en courant. Les secondes paraissent une éternité. On croirait un de ces cauchemars où on voudrait courir à toutes jambes mais où on n'arrive pas à avancer.

Sur notre passage, les gens crient en voyant Maylone tout violet, le sang sur le T-shirt de Thibault et moi qui hurle. De partout, on entend des cris : « *Oh my God, oh my God*[1] ! » Tout le monde s'écarte pour nous laisser passer, c'est la panique dans l'hôtel.

Nous sautons dans le premier taxi. On crie au chauffeur : « *Hospital, Latifa hospital !* » C'est celui où Maylone a été opéré, le seul que je connaisse à Dubaï. Un homme très corpulent nous dit : « Non, c'est trop loin, allez plutôt à l'hôpital Emirates, c'est à cinq cents mètres d'ici. » Je ne connais pas cet hôpital, et je dois décider en une seconde. Ce type, avec qui Thibault est d'ailleurs toujours en contact, nous dit « Ils sont très bons à l'hôpital Emirates, je vous assure, allez-y, pas de temps à perdre. » Allez, c'est décidé, on file là-bas.

On fonce vers l'hôpital. Nous disons au chauffeur : « Vite, vite ! » Thibault est monté devant, avec Maylone dans les bras, sa petite tête au creux de son épaule. Il ne veut même pas regarder son fils tellement il a peur de ce qu'il pourrait voir.

J'essaye de regarder, je lui demande comment est Maylone. Il tourne son visage vers moi. Il est inondé de larmes.

Il me regarde et me dit : « Chérie, je crois qu'il est mort. »

J'ai l'impression d'être en plein cauchemar. Je lui dis : « Montre-le-moi », et là, je vois mon fils tout bleu, ses yeux sont verts fluorescents comme ceux d'un serpent, fixes.

Maylone ne respire plus. Il est mort.

1. « Oh, mon Dieu, oh mon Dieu ! »

Jamais cette image ne me quittera. Voir son fils mort dans ses bras est quelque chose qu'on ne souhaite même pas à son pire ennemi. Je vois la fin de la vie. La sienne et la mienne.

Le chauffeur de taxi crie : « *Oh my God, oh my God* ! » Malgré la panique et les pleurs, je retrouve mes réflexes. Je demande à Thibault de me donner Maylone. Il me l'envoie sur la banquette arrière comme s'il voulait s'en débarrasser, comme si c'était une bombe à retardement qui allait exploser à tout moment et qu'il ne voulait pas garder dans les mains. L'idée que son fils soit mort dans ses bras lui fait perdre la tête.

J'allonge Maylone sur la banquette du taxi, j'ouvre sa petite chemise verte (que je n'oublierai jamais non plus) pour voir si sa poitrine ou son ventre bouge, même un tout petit peu. Mais non, rien. Aucune respiration. Il est tout bleu, tout mou. Mort, en fait.

Je ne sais pas par quel miracle, je repense aux gestes du massage cardiaque qu'on nous avait montrés à l'hôpital lors des séances de secourisme. Lui basculer légèrement la tête en arrière pour relever son menton. Deux soufflettes en bouche à bouche, en prenant bien toute sa petite bouche et son petit nez dans la mienne, puis trente compressions sur le thorax du bébé, avec juste deux doigts pour ne pas lui casser les côtes. Puis je recommence. Deux soufflettes, trente compressions. Puis je recommence. Au bout de plusieurs massages, malgré le bruit du moteur et de la circulation, j'entends un tout petit bruit qui vient de Maylone. On dirait bien un bruit d'air.

Ce n'est presque rien, mais c'est énorme. Je le prends contre moi, dans mes bras et je lui dis : « Je t'en supplie, Maylone, je t'en supplie, reste avec moi. » Je sens un tout petit souffle contre mon oreille. Je prie Dieu, la terre entière.

Thibault me regarde. Je vois les larmes qui jaillissent de ses yeux. Il me dit : « Tu l'as sauvé ! »

Il pleure maintenant à gros bouillons. « Tu as sauvé notre fils. » Il répète cette phrase en boucle. Moi, je n'arrive même pas à réagir à ce qui vient de se passer. Je serre Maylone contre moi en me balançant doucement et en murmurant à son oreille, attentive au petit souffle qui sort de sa bouche.

Nous arrivons enfin à l'hôpital. Le trajet a dû durer quelques minutes mais pour nous, une éternité. Immédiatement, c'est la grosse effervescence. Tout l'hôpital s'active. On me demande ce qu'il s'est passé. Je raconte entre mes larmes. Ils prennent Maylone en charge immédiatement et nous virent de la salle des urgences.

Tout à coup, le silence. Thibault et moi sommes dans un couloir. Plus aucun bruit. Nous sommes seuls. Nous ne savons pas ce qu'il se passe, ni ce qu'ils font à Maylone, ni comment il va. Nous sommes comme des boxeurs, KO debout. L'attente est longue, insupportable. L'image de Maylone mort revient sans arrêt. Nous n'arrivons pas à surmonter ça. C'est tellement horrible. Thibault ne cesse de me répéter : « Si tu n'avais pas été là, il serait mort. »

Enfin, au bout d'un temps qui n'en finissait pas, nous entendons Maylone pleurer et hurler à travers les portes. Ça nous rassure aussitôt car ça veut dire qu'il est vivant mais ça nous terrifie car il a l'air de souffrir. Mais au moins, il vit et ça, c'est déjà énorme.

Au bout d'une heure environ, les docteurs viennent nous dire que Maylone va mieux et qu'il sera transporté à l'hôpital Al Jalila, spécialisé dans les soins aux enfants. Ils nous expliquent qu'il a repris des couleurs et que même si ce n'est pas la grande forme, le pire est passé. Eux aussi me disent que si je n'avais pas fait ce geste, Maylone ne serait plus là. Je ne sais même pas quoi dire.

Je comprends que je viens de donner la vie à Maylone une deuxième fois.

Je suis trop heureuse de ça, mais je sais aussi que je vais maintenant vivre avec la peur au ventre que ça recommence et que ce jour-là, mes massages de réanimation ne marchent pas ou, pire encore, que je ne sois pas là.

Oui, j'ai sauvé mon fils, mais je sais maintenant qu'il est en danger en permanence, chaque jour, chaque heure, chaque minute de sa toute jeune vie. Un cauchemar.

# DEUXIÈME OPÉRATION DE MAYLONE

Du coup Maylone doit subir une deuxième opération chirurgicale alors qu'il a tout juste deux mois. L'intervention dure trente minutes, et son objectif est d'écarter un peu la cicatrice de notre fils afin d'aider le lait à mieux passer. Tout se passe bien, même si à cause de l'anesthésie, Maylone n'arrive plus à boire.

Le lendemain, nous rentrons de nouveau à la maison avec Maylone. Je réapparais sur les réseaux sociaux pour expliquer ce qu'il se passe. Pas le choix.

Nous parlons tous les jours de ce que nous faisons, nous partageons plein de choses au quotidien avec les gens qui nous suivent sur Snapchat et Instagram, notamment. C'est comme ça. On peut trouver ça bien ou pas, mais c'est ainsi, c'est notre vie. Personne ne nous l'a imposée, mais parfois, c'est vrai que c'est dur, car dès que nous restons absents pendant une journée, et c'est évidemment ce qu'il se passe au moment de cette deuxième opération, les gens s'inquiètent, car ils se disent qu'il a dû se passer quelque chose. Et ils ont raison. Mais du coup, les rumeurs partent dans tous les sens, et c'est très déstabilisant pour nous.

Je me force donc à réapparaître pour expliquer ce qu'il s'est passé, mais aussi pour dire à quel point c'est important, les gestes de premiers secours. D'ailleurs, j'ai reçu des milliers de messages de parents qui ont appris les gestes, et qui ont suivi des formations après que j'ai raconté sur les réseaux sociaux ce qui nous est arrivé. J'ai aussi reçu des messages de secouristes et de pompiers qui m'ont remerciée de faire passer le message.

Encore une fois, je reçois des milliers, des dizaines de milliers de messages de soutien. Ça me fait un bien fou. De nouveau, mes followers m'apportent énormément de douceur, de gentillesse, et je me sens redevable et reconnaissante envers eux.

Finalement, nous pouvons passer notre premier Noël en famille avec notre fils tranquillement. On aurait presque pu croire qu'on en avait fini avec les galères. Alors que pas du tout.

# MAYLONE MEURT… ET RESSUSCITE… UNE DEUXIÈME FOIS !

Le 17 janvier 2020, Julien et Manon, leur fils Tiago, Corinne et Seb sont à la maison. Pendant que nous mangeons, je donne le biberon à mon fils. Au moment de lui faire faire son rot, je le retourne et le mets contre moi, sa tête au creux de mon épaule et là…

Comme dans un cauchemar, j'entends les mêmes bruits que la première fois au Mandarin Oriental, l'air qui se raréfie, sa respiration qui se bloque, mon fils qui s'étouffe. Je me dis : « Oh non, ça ne va pas recommencer ! Maylone, non, respire ! »

Et, toujours comme dans un cauchemar, personne ne me calcule, personne ne m'entend. C'est comme si mes paroles étaient étouffées. Ils sont tous en train de bavarder assez bruyamment entre eux, et moi, j'ai l'impression de basculer dans un monde parallèle où mon fils est en train de partir dans mes bras encore une fois.

Je me lève de table, je secoue Maylone, j'essaye de faire en sorte que ça passe, mais rien.

Encore une fois, comme si on rejouait le même film d'horreur, Maylone devient blanc, puis bleu, puis violet.

Encore une fois, il cesse de respirer.

Encore une fois, il devient tout mou.

Encore une fois, il est en train de mourir dans mes bras.

Je lui avais mis sa petite chemise verte la veille, celle qu'il portait quand on a cru le perdre une première fois… Ce n'est pas possible, c'est une malédiction !

Je me mets à crier et là, tout le monde se fige derrière moi, à table. Je lui dis à l'oreille : « Maylone, Maylone, reste avec moi, reste avec moi, je t'en supplie. » Je le pose sur le tapis du salon, et je commence les massages et le bouche-à-bouche, comme la dernière fois.

Cette fois-ci, je ne cède pas à la panique, mais c'est comme si j'étais coupée en deux.

Une partie de moi est au bout de ma vie et de celle de Maylone, morte d'angoisse et de douleur.

L'autre est calme, méthodique, presque froide. Comme un soldat commando. Je sais ce que j'ai à faire. Je l'ai sauvé une fois, je le sauverai encore. Je n'ai même pas besoin de réfléchir, mes gestes sont sûrs et précis.

Je dis à Thibault : « Appelle vite les urgences. » Thibault est complètement perdu, bouleversé. Il n'y arrive pas, il ne se rappelle pas le numéro des urgences. Je lui crie : « Putain, mais si, tu le connais, le numéro ! » Mais en fait, à ce moment-là, il a tout oublié, il ne sait plus rien. Donc c'est moi qui dois lui donner le numéro des urgences.

Je reste hyper concentrée, mais j'ai très peur, car mes massages ne marchent pas. Je me dis : « Ce n'est pas comme la première fois, purée, là, ça ne marche pas. »

Les secondes passent, interminables, et Maylone ne respire toujours pas.

Sébastien, qui est à côté de moi sur le tapis pendant que Thibault parle aux secours, me dit : « Vas-y, Jess, il n'y a que toi qui peux le sauver. » Je lui réponds : « Seb, ça ne marche pas. » Il me dit de continuer, qu'il n'y a que moi qui peux faire quelque chose, qui peux le sauver. « Sauve-le, sauve-le, continue. »

Autour de moi, tout le monde est traumatisé. Julien est tout près de moi, les deux mains couvrant sa bouche, en train de pleurer. Manon aussi pleure, complètement choquée. Elle me dira plus tard que c'était la chose la plus horrible qu'elle ait jamais vue. Elle emmène donc vite Tiago en dehors de la maison pour qu'il ne voie pas ça. Thibault, Seb, Corinne, tous sont totalement bouleversés.

La scène horrible de Maylone en train de mourir devant nous dans le taxi est en train de se reproduire, mais cette fois, ils en sont les témoins directs, et je vous assure que voir la vie quitter un tout petit devant soi est quelque chose qu'on n'oublie jamais.

Thibault n'arrive plus à parler au téléphone. Moi, je compte et je pompe en même temps et je dis à Thibault : « Dis-leur que je fais un CPR », un massage cardiaque en anglais. Thibault ne comprend rien à ce que le type des urgences demande, et lui ne comprend rien non plus à ce que Thibault raconte.

Thibault, tellement bouleversé, croit que son interlocuteur des secours lui demande de préciser l'adresse, et il répète : « Villa 618, villa 618. » « Mais on s'en bat les couilles du numéro de la villa. Tu lui dis que je fais un massage cardiaque, c'est ce qu'il est en train de te dire ! » je crie. Il est en panique. La personne au bout du fil lui dit : « CPR, CPR[1] », ce qui signifie « massage cardio-thoracique » en anglais. Il veut dire : « Faites-lui un massage cardio-thoracique, tout de suite. »

Finalement, ils se comprennent, et les secours partent vers chez nous à toute vitesse.

Au bout d'un temps qui m'a semblé infini, Maylone fait un petit bruit comme un filet d'air, comme la première fois dans le taxi. Petit à petit, il arrive à reprendre sa respiration. Dès qu'il respire, j'arrête le massage, et je le prends contre moi. Je lui dis : « Ne t'inquiète pas, ça va aller, les secours arrivent. » Je lui explique ce qu'il se passe, mais que ce n'est rien. Je le rassure, et j'essaye de me rassurer en même temps.

Quand les secouristes arrivent, Maylone va bien. Il n'est plus bleu foncé, il respire normalement, comme si rien ne s'était passé, alors que nous sommes encore complètement traumatisés. Quand on arrive à l'hôpital, Monsieur Maylone rigole, n'ayant absolument rien à faire de ce que nous avons vécu.

Voilà, nous avons à nouveau survécu au cauchemar. Et moi, je comprends que je viens de donner la vie à mon fils pour la troisième fois. Je ne connais personne d'autre à qui ce soit arrivé. Surtout, je ne le souhaite à personne.

Notre traumatisme, à Thibault et moi, est encore plus fort. Désormais, chaque biberon est un moment de stress, de peur, où nous nous attendons à voir ce scénario de film d'horreur recommencer. Comme il y a six biberons par jour, vous imaginez comment nous vivons.

1. *Cardiopulmonary resuscitation.*

# ON NE DIT RIEN SUR LES RÉSEAUX SOCIAUX

Une fois que Maylone a été totalement tiré d'affaire, Thibault et moi décidons, après en avoir parlé entre nous, de ne rien dire sur les réseaux, de faire comme si de rien n'était. Pourquoi ? Eh bien, on avait juste envie de continuer notre vie, de faire comme si de rien n'était. On en avait marre des galères, on avait envie d'avoir une vie normale. Il nous semblait que ne pas en parler sur les réseaux sociaux aiderait à oublier la menace permanente de l'étouffement.

Et puis, il faut que je vous dise quelque chose que je n'ai jamais dit avant.

Quand j'ai réanimé Maylone la première fois, des gens m'ont envoyé des messages du genre : « Maylone aurait dû crever, pauvre enfant qui a une mère comme toi. » « Il aurait dû mourir, bien fait pour ta gueule. » Si, si, je vous assure. C'est à peine croyable, mais c'est comme ça. Je pense que vous pouvez imaginer le mal que ça peut faire, une violence pareille. Alors, je n'avais pas envie d'affronter ça une nouvelle fois, non plus.

C'est pour ça que c'est la première fois que je parle publiquement, ici et pour vous, de ce deuxième étouffement de Maylone, de cette deuxième réanimation que j'ai faite. Parce que du temps a passé et que Maylone est tiré d'affaire.

J'ai donc repris mon activité sur les réseaux sociaux comme si de rien n'était, alors que je n'avais pas du tout la tête à ça. Ça me changeait les idées, me forçait à penser à autre chose, et surtout, si je ne l'avais pas fait, ça aurait beaucoup trop attiré l'attention. La vie, elle, continue.

Pour ne pas inquiéter nos parents, on leur a envoyé une photo de Maylone à l'hôpital en train de sourire et on leur a dit : « En fait, on ne vous a pas dit, on l'a réanimé encore une fois, mais tout va bien, ne vous inquiétez pas. » La première fois, on leur avait dit que c'était grave. La deuxième fois, on était en mode : tout va bien pour tout le monde.

Mais dans ma tête, ça ne va plus du tout.

Le docteur m'a dit « C'est très bien, vous faites très bien les massages cardiaques, il n'y a rien de cassé, aucun organe n'est détruit, les côtes vont bien, vous pourrez recommencer la prochaine fois. » Je lui en veux, je ne fais que pleurer. Je dis : « Gardez-le, vous me le rendrez dans un an, quand il ira bien. Je ne veux plus vivre ça ; c'est un cauchemar. »

Mais non, le docteur me répète : « Vous pouvez refaire la même chose, il faut continuer. » Il me donne un petit ustensile en silicone pour souffler dedans si je devais refaire des massages cardiaques. Mais moi, je ne veux pas de ça, je veux juste que ça n'arrive plus jamais. Mais il me répond qu'on ne peut rien faire, qu'il faut laisser à la trachée du temps pour se raffermir. Il faut vivre comme ça, avec ça, pour le moment. Un jour, ça disparaîtra, progressivement.

Donc si je comprends bien, je vais vivre dans l'angoisse du prochain étouffement en espérant que je serai présente et que je pratiquerai bien les gestes pour le sauver une nouvelle fois, car sinon, Maylone risque de mourir. Tu parles d'un programme !

# ÉPUISEMENT

De retour à la maison, je ne dors plus, je suis fatiguée, je fais des cauchemars. C'est très dur moralement et physiquement. Thibault m'aide autant qu'il le peut, mais lui aussi est à bout de forces. Cette fois, il faut qu'on se fasse aider parce qu'on ne va pas pouvoir tenir comme ça. Je n'ose pas le dire sur les réseaux sociaux, car il y a toujours des gens pour vous juger et dire que vous n'êtes pas une bonne mère. Mais là, je n'ai vraiment pas besoin de ça.

Parfois, je me demande qui sont ces gens et d'où ils me parlent comme ça. De quel droit jugent-ils la manière dont je me comporte vis-à-vis de mon fils ? Ils feraient autrement ? Eh bien, qu'ils fassent ce qu'ils veulent, ce qu'ils estiment mieux, mais qu'ils me foutent la paix.

J'appelle pour la première fois Audrey, une infirmière ultra-spécialisée en néonatalolgie et en soins périnataux qui m'a tellement aidée depuis. Des amis m'avaient parlé d'elle, mais je ne l'avais pas contactée jusque-là, car je ne la connaissais pas. Mais là, je n'en peux plus, il me faut de l'aide ; alors, je l'appelle. Elle me rassure, elle me parle clairement et gentiment. Elle me montre même des vidéos pour que je comprenne bien. Par exemple, elle me donne des conseils pour faire faire son rot différemment à Maylone, et ça a tout changé.

Malgré ça, Maylone ne fait que pleurer. Je décide donc de l'emmener chez le pédiatre. Thibault a un rendez-vous professionnel de son côté, et ne peut pas m'accompagner.

Sur le chemin, Maylone n'arrête pas de vomir. C'est un vrai carnage. Je m'arrête sur l'herbe au bord de la route, j'ai vraiment peur, et je commence à paniquer. Les voitures roulent à toute vitesse, et les conducteurs me klaxonnent. Je stresse encore plus, et je me sens seule au monde. Lorsque je finis par arriver chez le pédiatre, couverte de vomi avec l'impression d'avoir accompli une vraie mission commando, Maylone hurle toujours, et je n'arrive pas à le calmer.

Je me sens totalement désemparée. Depuis son opération, Maylone pleure presque tout le temps.

Nous décidons d'aller en France du 19 au 28 février 2020. Pendant tout le voyage en avion, Maylone ne fait que pleurer, c'est horrible. Arrivés en France, ce n'est pas mieux. La fatigue est immense. Il y a des moments où on se dit qu'on devient fou, qu'on perd les pédales. Je sais qu'il y a des parents qui en arrivent à secouer leur bébé pour qu'il arrête de pleurer. Je sais que je n'aurai jamais de geste violent envers mon enfant, mais c'est vrai que dans ces moments-là, je comprends mieux pourquoi ça arrive, car on atteint un niveau d'épuisement inimaginable, et on se sent totalement démuni. En plus, le bébé ne communique pas réellement à cet âge, donc il faut aussi apprendre à décoder tous les signes ou signaux qu'il peut envoyer, ce qui est une source de stress supplémentaire. Il faut avoir un sacré mental pour résister.

Franchement, quand on en arrive là, il faut se faire aider. Parce que la fatigue à ce niveau-là, ça devient dangereux pour tout le monde : soi-même, le bébé et le couple. Alors, il faut demander à quelqu'un, une mère, une tante, une nounou, qu'importe, de l'aide pour pouvoir récupérer au moins pendant la nuit.

De retour à Dubaï, la cascade de problèmes continue de plus belle. Maylone qui pleure, Maylone qui vomit, Maylone qui respire mal, Maylone qui a la fièvre, Maylone qui n'arrive plus à boire. Le 7 mars, nous retournons à l'hôpital, car ça nous semble évident que quelque chose ne va pas. Le médecin examine Maylone et décide de le garder, car ce pauvre bébé doit être alimenté par sonde gastrique et également hydraté. Je lui parle doucement, je lui tiens la main, je ne sais pas quoi faire de plus. Je suis à bout de fatigue et Thibault aussi.

Je pleure toutes les larmes de mon corps. Ça fait maintenant cinq mois que Maylone est né et que les problèmes s'enchaînent. Je voudrais juste que ça s'arrête. Pour lui d'abord, et pour nous aussi, car nous y laissons notre santé, et notre couple s'en ressent.

Notre vie depuis la naissance de Maylone, ça ressemble à ça :

- octobre : hôpital ;
- novembre : hôpital ;
- décembre : hôpital ;
- janvier : hôpital ;
- février : pleurs incessants ;
- mars : hôpital ;
- et entre chaque séjour à l'hôpital : de la fatigue et du stress.

Le fun, les kiffs, tout ça a quitté notre vie pour le moment. C'est incroyable à quel point l'arrivée d'un enfant peut tout chambouler. Alors, quand il est malade, c'est encore pire.

# LE CORONAVIRUS DÉBARQUE DANS NOS VIES

Et comme si tout ça n'était pas suffisamment compliqué, le 7 mars 2020 à 15 heures, pendant que nous sommes à l'hôpital, tout le monde s'affole. Thibault descend pour chercher à manger et voir ce qu'il se passe. Quand il revient dans la chambre, il me dit qu'il se passe un truc bizarre dont tout le monde parle dans l'hôpital et qu'on lui a imposé de porter un masque. Je lui demande de quoi il s'agit. Un truc chelou qui s'appelle coronavirus, apparemment.

Nous venons à peine de découvrir ce mot, qui va nous poursuivre pendant longtemps, qu'on nous met en quarantaine et qu'on nous oblige à porter un masque sanitaire. Nos résultats étant négatifs et Maylone ayant passé la journée du 8 mars sans problème, on nous vire de l'hôpital. Mais sans Maylone qui, lui, doit y rester pour une bronchiolite extrêmement virulente. Nous ne pouvons plus tenir compagnie la nuit à notre petit garçon à cause de ce fichu virus.

Il faudra encore une semaine d'apport en oxygène pour que Maylone puisse quitter l'hôpital et revenir chez nous.

À partir de là, Dubaï et nous-mêmes entrons en période de confinement strict.

Ici, ça ne rigole pas du tout avec les règles sanitaires. On n'a tout simplement pas le droit de sortir de chez nous. Si on a une urgence, comme devoir aller à l'hôpital, par exemple, on doit obtenir une attestation de l'hôpital qui confirme la date et l'heure du rendez-vous, et l'envoyer à l'avance avec le numéro d'immatriculation de la voiture.

Si on sort sans une autorisation spéciale, on est sûr d'être très lourdement sanctionné. Sur toutes les routes qui traversent Dubaï, les grosses colonnes qui en temps normal servent de radars pour le contrôle de la vitesse sont maintenant programmées pour flasher toutes les voitures qui passent devant elles. Et gare à celui qui n'a pas d'autorisation valable. Des drones patrouillent à hauteur d'hommes.

Des images circulent d'hommes en combinaison qui désinfectent tout dans la rue : les sièges, les panneaux, les abris, les lampadaires… Tout est passé au crible et au désinfectant. D'autres images montrent des gens en train de mourir ou morts dans la rue que des hommes également habillés en combinaison emportent. Nous ne savons pas si elles ont été vraiment prises à Dubaï, mais l'effet est le même : on a peur d'attraper cette saloperie de virus, et on ne sort plus du tout.

Et voilà, après les mois d'alitement pendant la grossesse, puis les mois passés entre l'hôpital et le stress à la maison, nous voici encore une fois bloqués chez nous, sans pouvoir sortir.

Mais on ne se plaint pas. Nous avons un jardin avec une petite piscine, une nounou qui nous aide et nous permet de dormir la nuit ; nous avons repris le sport à la maison ; mon corps a repris sa forme d'avant la grossesse ; Maylone a six mois, il comprend tout et va mieux ; nous pouvons continuer à travailler de chez nous, etc. Nous ne sommes pas à plaindre. D'ailleurs, nous ne nous plaignons pas.

Pourtant, je fais souvent des cauchemars, et je me réveille en pleine nuit en criant, en cherchant Maylone, en disant qu'il est tout bleu… alors que tout va bien dans la maison. Il faut croire que j'ai été vraiment traumatisée et que ça va prendre du temps avant que ça me passe.

Avec Thibault, ça va : nous rigolons bien, nous ne nous disputons pas, nous nous occupons, je joue à cache-cache avec lui, je l'embête comme je l'ai toujours fait, et le temps passe plus vite ainsi.

# LA PREMIÈRE DENT (SI, SI)

Le 19 avril, explosion de joie : Maylone a sa première dent. C'est aussi le jour où nous allons commencer la diversification et essayer de la nourriture solide, donc notre fils ne boira plus seulement du lait au biberon. Je prépare 30 g de purée de carottes dans son assiette, et là, on s'installe à table tous les trois. J'attends avec une grande impatience de voir sa tête, sa réaction, l'expression sur son visage : pour la première fois de sa vie, Maylone va goûter à autre chose que du lait.

Alors en fait, sa réaction est très simple : il m'arrache la cuillère pour se l'enfourner dans la bouche ! En voyant ses yeux, on croirait qu'il a vu la Vierge Marie en 3D. Il est au top de sa carrière ! J'ai encore la photo : ses yeux sortent des orbites genre : « Wow, j'en veux encore ! » Manifestement, il adore ça. Il veut tout manger d'un coup. Je lui donne de l'eau entre chaque petite bouchée parce qu'il commence à faire de la trachéomalacie un peu fortement. Non seulement Maylone mange tout, mais en plus, il hurle quand il n'y en a plus ! Alors, on finit son repas avec un biberon. Quelques rots bien forts et il s'endort pour deux heures de sieste.

Moi, je m'effondre en larmes, car c'est une autre étape de franchie par rapport à sa maladie.

Maylone mange enfin normalement. C'est un bébé comme les autres, son œsophage fonctionne normalement. C'est vraiment fini ? On va vraiment être tranquilles maintenant ? Je ne veux pas crier victoire trop vite, mais je suis tellement contente ! Pour moi, c'est énorme ce qui se passe.

Je n'arrête pas de pleurer, c'est l'émotion, c'est plus fort que moi.. Thibault me rattrape dans l'escalier et me serre dans ses bras. Il me fait des câlins et me dit : « Ça va aller, tout va bien, tu es une très bonne maman. » Il est attentif, gentil et me serre fort contre lui.

# « LES MARSEILLAIS » REPRENNENT !

Le 25 avril 2020, mon producteur, Ben, m'appelle pour faire le point sur l'émission.

La production a décidé de faire un tournage fin juin, début juillet avec beaucoup de précautions sanitaires contre le coronavirus. Le tournage aura lieu en France, pour la première fois. Nous serons enfermés dans la villa, sans pouvoir sortir en boîte de nuit ou pour nos petits boulots, que des battles entre nous. Les membres des équipes techniques porteront le masque tout le temps, tout sera désinfecté régulièrement, etc.

Il me demande si je compte y participer. Je lui explique que Maylone va mieux, mais que j'ai besoin de quelqu'un de confiance pour s'occuper de lui pendant le tournage. Or, la nounou qui m'aide depuis déjà quelques mois et qui sait très bien y faire quand la trachéomalacie empêche Maylone de respirer normalement ne pourra pas venir en France à cause des restrictions imposées pour entrer dans le pays.

Mais surtout, je me pose plein de questions au sujet de ce tournage. J'étais absente pour les deux précédents. Est-ce que j'ai encore ma place dans « Les Marseillais » ? Il y a maintenant des nouveaux : est-ce que moi, l'ancienne, j'ai encore quelque chose à apporter à cette émission en étant mariée et avec un enfant ?

D'un autre côté, les autres, mes fratés, me manquent : Julien, Kev, Paga, etc. C'est un peu ma deuxième famille. Avec eux, je rigole, je ne me prends pas la tête, et donc j'ai envie de les retrouver, de me changer les idées, de penser à autre chose qu'à la maladie, l'hôpital, les médecins, etc.

En réalité, ce que je crains le plus, c'est le regard des gens. J'imagine déjà les commentaires : « Pourquoi elle est là, celle-là, alors qu'elle a un enfant malade à la maison ? » « Quelle mauvaise mère, quelle mauvaise épouse ! » Mais je me dis qu'il y a plein d'autres professionnels qui n'arrêtent pas toute leur carrière lorsqu'ils ont des enfants, les militaires, par exemple. Plein d'autres qui ont des déplacements professionnels et qui s'arrangent pour les faire. Et dans mon métier, il ne faut pas se faire oublier, non plus. Or, ça fait un an qu'on ne me voit plus à la télévision. Même si j'ai maintenant une grosse communauté qui me suit, et même une nouvelle communauté faite de mamans, c'est important d'être là. Mais aussitôt, je me dis : « Mais pour quoi faire ? Si j'arrête tout aujourd'hui, j'ai de quoi continuer à vivre bien et subvenir aux besoins de ma famille. Alors, pourquoi avoir peur d'arrêter ? »

Je crois que c'est toujours cette angoisse, dont je vous parlais déjà dans mon premier livre, de l'inconnu, du vide. J'ai besoin de savoir où je vais, de voir le chemin devant moi. Même si je sais que je me débrouillerai toujours dans la vie, j'ai peur de lâcher ce que je connais bien et à quoi je tiens. Mon père, lui, ne s'est jamais posé de questions. Il a toujours exercé le même travail, il a toujours su de quoi son avenir serait fait, et comme ça jusqu'à la retraite.

Moi, je me demande où je serai dans un an, dans deux ans. Bien sûr, j'ai plutôt bien réussi ma vie jusqu'à maintenant, alors que j'étais partie pour être coiffeuse dans le Midi. Je suis mariée avec un homme que j'aime, j'ai un enfant que j'adore, nous avons franchi bien des obstacles, mais aujourd'hui, tout va bien. Alors, pourquoi avoir peur de l'avenir ? J'ai à peine 30 ans, penser au reste de ma vie me donne le vertige.

# ON ACHÈTE UNE MAISON

En mai 2020, nous visitons des maisons, des villas situées dans la très grande résidence dans laquelle nous louons la nôtre. Ici, nous sommes au calme, et l'emplacement nous convient très bien. Nous sommes décidés à investir dans la pierre et à acheter une maison à Dubaï, car nous nous plaisons ici. Nous savons que nous allons poser nos valises dans cette ville durant quelques années.

Le 31 mai 2020, nous signons l'acte d'achat de notre maison. Nous sommes trop heureux.

L'architecte que nous avons choisi nous a proposé des choses extraordinaires, et nous savons exactement ce que nous voulons. Je suis sur un nuage, car je vais avoir la maison dont je rêve depuis tellement longtemps. Je vais pouvoir tout casser, décorer, personnaliser et mettre à notre goût. C'est très important pour moi, car ce sera notre maison, celle dans laquelle on va vivre avec Thibault, celle dans laquelle Maylone va grandir. Mais je sais également que notre chantier va durer, car nous avons un an et demi de travaux, ce qui est stressant aussi. Au fond de moi, je me dis aussi que d'ici la fin des travaux, Maylone aura peut-être déjà une petite sœur ou un petit frère. Je suis tellement fière de moi, de mon mari Thibault, de ce que nous avons accompli. J'ai réussi ma vie, notre vie de famille.

En fait, il faudra deux ans avant que l'on puisse emménager dans notre maison, mais ça, je ne le sais pas à ce moment-là.

# RETOUR EN FRANCE – « LES MARSEILLAIS VS LE RESTE DU MONDE » À CANNES

Le 24 juin, nous partons pour un long périple, car l'aéroport de Nice est fermé. Nous devons suivre l'itinéraire suivant : Dubaï-Paris, Paris-Marseille, Marseille-la maison, donc il y en a pour quinze heures de voyage et de correspondances.

Le lendemain, nous arrivons enfin à la maison où mes parents et ceux de Thibault nous rejoignent, ainsi que la nounou-infirmière. Je suis vraiment heureuse de revoir toute ma famille après ces longs mois de confinement.

Mais nous sommes aussi revenus parce que le 27, je commence le tournage du « cross », c'est-à-dire « Les Marseillais vs le Reste du monde ». Mais je vais y aller seule, et pour moi, c'est difficile.

La veille du départ pour le tournage, je fais une crise d'angoisse, car je n'ai jamais confié mon fils à quiconque si ce n'est à Thibault. La nounou-infirmière a l'air top, et j'ai confiance en elle, mais l'idée d'être séparée de Maylone qui peut étouffer à tout moment m'angoisse. Je pleure toutes les larmes de mon corps. Ma mère et Thibault me rassurent et me font des câlins.

Je sens que l'heure approche, et c'est vraiment horrible. Ça m'arrache littéralement le cœur, mais il faut que j'aille travailler. Je suis contente et triste à la fois, car j'ai peur qu'il grandisse, qu'il fasse de nouvelles choses sans que je sois présente, et que je manque ses premières fois… C'est important, les premières fois.

Le jour du départ, on organise un barbecue à la maison. J'ai une énorme boule au ventre qui ne me quitte pas de la journée tellement je suis angoissée. Plus les heures passent et pire c'est, vraiment horrible. Il est bientôt 15 heures, l'heure à laquelle le chauffeur de la production vient me chercher. Exceptionnellement, je réveille Maylone de sa sieste. Je ne peux pas partir sans lui faire un dernier câlin, ainsi qu'à Thibault. Mon mari est très triste, lui aussi, car ça fait un an qu'on est confinés ensemble, entre mon alitement, l'hôpital et ensuite le Covid… On n'a pas l'habitude de se séparer, et cela va être bizarre pour tous les deux. Mais je sais que lui ne changera pas alors que Maylone peut changer très vite.

Je les embrasse, et je pars de la maison en pleurant.

Je m'installe ensuite dans la « villa des familles », une maison louée par la production pour les candidats ayant des familles, comme Julien ou moi, ou Kevin et Carla. Ça nous permet de voir nos enfants et de profiter d'eux le week-end. Après onze jours, Thibault me rejoint là-bas. À son arrivée, ça me fait bizarre car pour la première fois, notre fils est sans aucun de nous deux auprès de lui, même si je sais qu'on s'occupe très bien de lui. C'est pour ça que j'ai pleuré avec Mélanie, qui elle aussi était triste sans son fils.

Moi qui redoutais ce tournage, en fait, je me rends compte que j'arrive à décompresser et à me déconnecter de toutes les galères qu'on vient de vivre ! J'ai adoré cette aventure, c'est ma préférée, même si je me suis pas mal disputée avec Thibault.

# RETOUR À DUBAÏ – MAYLONE A UN AN

Le 1er août, nous rentrons à Dubaï. Cela nous fait tellement de bien de rentrer à la maison, de retrouver nos habitudes, de pouvoir sortir tranquillement à l'extérieur avec Maylone.

Le 7 octobre, c'est le premier anniversaire de Maylone avec toute la famille, et je suis trop contente. Je serre mon fils contre moi. Je suis très émue en pensant au chemin parcouru. Je pleure toutes les larmes de mon corps. Les médecins m'avaient dit que lorsqu'il aurait passé un an, ça irait mieux, et on y est. Enfin. Les problèmes de santé de Maylone sont enfin derrière nous.

Pendant un an, que de docteurs, d'hôpitaux, d'opérations, de salles d'attente, d'angoisses. C'est trop dur de vivre ça tous les jours, toute la journée.

Mais nous y voilà enfin. Maylone a un an, et tout va bien. D'ailleurs, il n'a plus eu de problèmes d'étouffement depuis.

# UN DEUXIÈME ENFANT ?

Le 11 novembre, Thibault et moi allons dans un petit restaurant en amoureux. Nous avons une vue incroyable, et c'est un super moment avec mon mari. Là, il me dit pour la première fois qu'il faudrait qu'on pense à avoir un autre enfant, parce que la conception, la grossesse et l'accouchement prennent du temps, et que si on ne veut pas qu'il y ait trop d'écart entre les deux, eh bien, il est temps d'y penser.

Je ne sais pas ce qui me fait le plus plaisir entre cette idée d'avoir un deuxième enfant avec Thibault ou le fait que ce soit lui qui y ait pensé. Mais en même temps, j'ai peur d'une nouvelle grossesse aussi compliquée que la première. Peur que notre deuxième enfant ait autant de problèmes que le premier. Peur de ne pas l'aimer autant que Maylone.

J'ai toujours dit que je voulais deux enfants, mais là, je ne sais plus, je me pose beaucoup de questions. Pourtant, c'est vrai qu'un enfant unique, c'est un peu triste, car il joue tout seul. Moi, j'ai eu la chance d'avoir mes frères Logan et Bradley, Thibault avait son frère Quentin, et c'est bien pour jouer et grandir.

Quelques jours plus tard, je décide de ne pas remettre mon anneau contraceptif, et je le dis à Thibault.

On laisse faire les choses, et on ne va pas du tout regarder les dates d'ovulation comme pour Maylone. On ne va pas se rendre malades. Ça viendra quand ça viendra, si ça vient…

Pendant ce temps, Maylone grandit, et ce n'est que du bonheur. Il apprend tous les jours de nouvelles choses.

En revanche, le soir est un moment réservé pour Thibault et moi. On sort, et on va au restaurant. Certains disent qu'on sort trop, mais pour moi, le plus important, c'est de préserver aussi notre couple. Il faut faire la part des choses. Quand mon fils partira à 18 ans ou plus, c'est Thibault qui restera à mes côtés pour toujours donc c'est très important de faire attention à lui, à notre couple et d'avoir notre propre vie, des moments tous les deux et aussi des moments de femme. Il faut profiter de ça, et peu importe ce que les gens pensent… Mais le matin, je suis présente pour mon fils.

# « LES MARSEILLAIS » À DUBAÏ

Je pars en tournage pour « Les Marseillais » le 7 janvier 2021 à Dubaï. Certains Marseillais sont cas contacts Covid, et doivent s'isoler plusieurs jours avant de pouvoir rentrer dans l'émission. Thibault et moi sommes donc les premiers à intégrer la villa des « Marseillais ».

Le 26 janvier, j'ai droit à une surprise dans le désert : le renouvellement de nos vœux avec Thibault. Moment magnifique et incroyable : un rêve ! Une quarantaine de personnes sont présentes avec nous. Pendant cette cérémonie si belle, en plein désert, je reçois plein de messages de mes fratés : bonheur, amour, santé, enfant, petite fille… des vœux merveilleux…

Ce soir-là, je vais voir mon producteur Benjamin juste derrière les caméras. Je lui dis que je n'ai pas eu mes règles et que le lendemain, il me faut un test de grossesse à la villa.

Benjamin me dit : « OK. Pas de soucis. » Il me rappelle quelques minutes plus tard et me passe la grande boss, Florence, qui est à Paris, elle. Elle me demande si j'accepterais de faire le test devant les caméras. Je réfléchis et je lui dis que c'est tôt, mais d'un autre côté, il reste quelques jours de tournage, donc si c'est positif, je ne pourrai jamais arriver à le cacher, et si c'est négatif, eh bien, ça se raconte aussi, car c'est un retard de règles… Alors, je donne mon accord pour le raconter.

Je vais voir Stéphanie, et je lui annonce devant les caméras et dans le dos de Thibault que j'ai un retard de règles…

Le lendemain matin, Stéphanie m'apporte un test de grossesse. On s'enferme dans la salle de bains, et on attend le résultat positif ou négatif… Je comprends qu'il y a une caméra, un journaliste, un ingénieur du son, Benjamin, Stéphanie et moi. Tout à coup, un signe + apparaît. Le test est positif. Je pleure tellement je suis heureuse, mais je suis angoissée aussi à l'idée que le cauchemar recommence. Mais Thibault va être si heureux… D'ailleurs, la première fois, je ne lui ai pas fait une jolie surprise, comme je rêvais de le faire pour l'annonce de la grossesse pour Maylone. Cette fois, je vais y réfléchir sérieusement.

Les personnes qui étaient avec moi dans la salle de bains me félicitent… Benjamin me demande comment je veux l'annoncer, car c'est moi qui décide bien entendu. Il me propose de bander les yeux de Thibault, de l'emmener à la maison, que Maylone donne le test de grossesse à Thibault… Quelle bonne idée !

Je dis à Thibault que comme il m'a fait la surprise d'organiser le renouvellement de nos vœux dans le désert, c'est à mon tour de lui faire une surprise aujourd'hui !

Je lui fais croire qu'il faut qu'il se fasse beau et qu'il se coiffe parce que ça va le décoiffer. Il croit qu'il va sauter en parachute, donc je continue de donner des indices qui correspondent aux deux pour brouiller les pistes. Je lui bande les yeux, et je l'emmène en voiture. Il me pose plein de questions, les yeux toujours bandés, mais au bout d'un moment, il reconnaît la route de la maison avec ses dos-d'âne… J'arrête la voiture, et lui dis que je reviens tout de suite. Tout est prêt dans la maison, Maylone est là qui attend sagement. Alors, je retourne chercher Thibault. Il me dit : « Ça sent la maison. » Il palpe autour de lui et insiste : « Mais oui, c'est la maison, je reconnais, c'est mon canapé ! » Il s'assoit, garde les yeux bandés et là, je lui amène Maylone avec la boîte à offrir à son papa. Thibault l'ouvre, et voit le test de grossesse positif. Il est choqué, et a tout de suite les larmes aux yeux. C'est la plus belle des surprises, à la maison avec Maylone, les chiens, en famille…

On est trop heureux, on profite de ce moment entre nous et on appelle aussitôt nos familles. On retourne ensuite à la villa des « Marseillais », car on veut annoncer la nouvelle à tout le monde. J'ai également arrêté de fumer depuis le matin, et je dois faire attention à mon alimentation : plus de crustacés, la viande doit être bien cuite, et surtout, plus d'alcool ! C'est là qu'on peut me griller tout de suite !

J'explique bien à Thibault et à tout le monde que c'est très fragile, car je suis au tout début de ma grossesse et que si je la leur annonce à tous, c'est parce que je ne peux pas me cacher. Je leur dis également qu'il se peut que le bébé ne tienne pas et que j'en suis très consciente, je prends vraiment le temps de leur expliquer tout ça. Tout le monde est trop content pour nous, sans compter qu'en plus, j'apprends cette nouvelle le lendemain de tous leurs vœux et de ceux de mon mari que j'aime. C'est juste magique ce qui nous arrive.

# MA DEUXIÈME GROSSESSE

Cette deuxième grossesse est très différente de la première. Je suis très fatiguée. Habituellement, je me réveille au même moment que Maylone, mais ces derniers temps, je n'y arrive pas. Je dors environ dix heures par nuit, mais quand je me lève, je suis encore fatiguée.

Mais surtout, Thibault morfle beaucoup plus. Je ne m'en rends pas compte, mais je suis agressive. Je peux l'envoyer péter pour un oui ou pour un non. S'il fait un bruit ou un truc qui m'énerve, je pars direct dans les tours, alors qu'en temps normal, je m'en ficherais pas mal.

Il y a même eu un jour où j'ai dit à Thibault qu'il pouvait prendre Maylone avec lui, car je ne le supportais plus. J'avoue que je me suis quand même posé des questions, et que je l'avais confié sur mes réseaux sociaux. Des témoignages de personnes qui ont vécu ou vivaient la même chose que moi m'ont un peu rassurée.

La dernière fois que c'est arrivé, Thibault m'a dit : « Arrête, j'ai envie de pleurer. S'il te plaît, arrête d'être comme ça. » Le pire, c'est que je ne le fais pas exprès ! Je sais que oui, peut-être, mes réactions sont surdimensionnées, mais sur le coup, je ne le vois pas.

Le 17 février, je fais une surprise à Thibault pour son anniversaire en organisant une petite soirée avec ses amis proches pour fêter ça. Il est trop content et on passe tous un super moment ensemble. Lors de cette soirée, mon amie Manon, que vous ne connaissez pas, me fait le test du pendule pour deviner le sexe de mon enfant. Mes amis et elle me disent qu'elle a un don qui marche avec vraiment tout le monde et qu'elle ne s'est jamais trompée ! Du coup, je me prête au jeu.

Manon essaye son pendule sur Thibault. Elle tombe sur un garçon comme premier enfant (Maylone), puis sur une fille comme deuxième enfant, puis après plus rien, ce qui voudrait dire que nous n'en aurons que deux. On va voir si elle obtient le même résultat avec moi. Le pendentif tourne. Il indique d'abord un garçon, ce qui correspond à Maylone. Je trouve ça fou, mais bon, d'un côté, il y a une chance sur deux. La seconde fois, elle tombe sur une fille, et puis plus rien, tout comme pour Thibault. Je suis choquée. Elle le fait également à d'autres personnes, et elle parvient à trouver le sexe de leur enfant ainsi que l'ordre, fille, garçon… C'est fou ce que je suis contente !

Depuis que je suis enceinte, Maylone est collé à moi, ce qu'il ne fait jamais. D'habitude, il court partout, mais là, il reste allongé à côté de moi pendant des heures. Je me dis qu'il ressent peut-être que je suis enceinte. Il me réclame tout le temps, on se fait des câlins pendant très longtemps, je lui caresse les cheveux.

Thibault et moi avons décidé de peut-être accepter de filmer la prochaine échographie où nous découvrirons le sexe de notre enfant avec 6Play, comme Julien et Manon, Kevin et Carla l'ont fait avant nous.

Comme pour Maylone, nous avions refusé la proposition, vous devez vous demander pourquoi nous l'avons acceptée pour le deuxième enfant. Tout simplement, parce qu'on a changé d'avis. Pour le premier enfant, je ne savais pas comment ça se passerait, et je voulais vraiment vivre cette expérience avec mon mari, tout comme notre mariage, qui a été célébré en petit comité et sans caméras. Heureusement, d'ailleurs, parce qu'avec tous les problèmes que Maylone a eus, rien n'aurait pu être diffusé. Finalement, ça a vraiment été le destin, et c'était bien ainsi. De toute façon, je me fais confiance, et je fais confiance à mon ressenti : rien n'arrive par hasard.

Et puis, il y a Maylone maintenant, et je veux que les premiers moments avec son frère ou sa sœur soient gravés. Enfin, le montage de 6Play est juste extraordinaire.

## L'INTIMITÉ EN PANNE, NOTRE COUPLE MENACÉ D'EXPLOSION

Sexuellement, ça ne va pas du tout. Je ne comprends pas ce qu'il se passe. Un soir, je me retrouve à faire l'amour avec Thibault, et ça me dégoûte. Je ne comprends pas pourquoi aujourd'hui et jamais auparavant. Qu'est-ce qui se passe ? Même un baiser avec la langue ou dans le cou, ce n'est pas possible. Ce n'est pas que je n'ai pas envie de lui, c'est que je suis dégoûtée de tout ce qui est sexe. Je commence à ne pas me sentir bien du tout.

C'est la première fois que ça m'arrive, et je fais plusieurs réflexions à Thibault. Il voit bien que ça ne va pas, et je dois en discuter avec lui, car c'est mon mari et je l'aime plus que tout. C'est sûrement à cause de la grossesse ! C'est bizarre, car ça ne m'a jamais fait ça quand j'attendais Maylone, mais d'un autre côté, cette grossesse n'a rien à voir avec la première.

Je fais quelques recherches sur internet, et là, je me rends compte que plein de personnes sont dans le même cas que moi. Je lis beaucoup de témoignages de femmes qui vivent la même chose, donc je suis rassurée. Je me sens moins seule d'un coup. Je partage bien évidemment mes recherches avec Thibault. Je le rassure en lui montrant que ce qui nous arrive est commun. Je l'aime, c'est l'homme de ma vie, et il n'y a jamais eu de problèmes de ce côté-là avec lui. Alors, je ne veux pas qu'il se braque, et le mieux pour ça, c'est de discuter de tout.

Apparemment, cette sensation s'en va après le premier trimestre, et je suis déjà à neuf semaines d'aménorrhée, c'est-à-dire un peu plus de deux mois.

Évidemment, je n'en parle pas sur les réseaux sociaux. Vous me voyez dire : « En ce moment, mon mari me dégoûte. Je ne supporte pas qu'il me touche » ? Vous imaginez les réactions ? Aujourd'hui, je peux vous en parler parce que tout est rentré dans l'ordre et que c'est important de dire que ces choses arrivent, mais sur le moment, c'était difficile, franchement.

Alors, je fais des efforts pour Thibault. Même si ce n'est pas top, je prends sur moi, et j'essaye de me mettre dans l'ambiance. Ça va un peu, mais alors juste un tout petit peu mieux. En fait, ce n'est vraiment pas ça, c'est juste pour lui faire plaisir, car je n'ai ni désir ni plaisir.

Un soir, nous décidons d'aller au restaurant, car ça fait très longtemps que nous ne nous sommes pas retrouvés en amoureux.

Mais ce qui devait être un dîner en amoureux se transforme en règlement de comptes de la part de Thibault. Il me reproche mon comportement. Il a les larmes aux yeux. Il dit qu'il est à bout à cause de moi, notamment parce que je ne fais pas attention à lui, sauf pour le pourrir ; que je n'ai pas d'attentions ni de gestes d'affection envers lui, que je ne lui fais pas de gâtés, de bisous, rien. Je comprends que ce qu'il dit est vrai et qu'il a raison.

Si ça continue comme ça, on ne pourra pas avancer ensemble, et on sera obligés de se séparer, me dit-il.

Que c'est dur à entendre ! Ça me fait de la peine et ça le fait pleurer. Je m'excuse sincèrement d'être comme ça.

J'essaye de le rassurer en lui disant que je vais faire des efforts simplement parce que je l'aime et que c'est l'homme de ma vie. Je ne vois pas ma vie sans lui.

# ÇA RECOMMENCE !

Le 21 mars 2021, ma gynécologue m'explique qu'il faut que je fasse très attention, que je me repose au maximum, et que je n'en fasse pas trop car mon col est déjà un peu trop rétréci, trois millimètres au-dessus de la limite acceptable. Je prie pour que le cauchemar ne recommence pas, mais son appel m'angoisse vraiment.

Ça m'inquiète : je suis seulement à douze semaines et cinq jours, et il faut atteindre la 39e semaine. Le chemin est encore très long…

J'appelle donc Élie, mon gynécologue français, pour lui demander un second avis et ce qu'il en pense. Il me rassure tout de suite. Il pense qu'un cerclage est une bonne idée, et que je ne dois pas me stresser plus que ça. Il ne préconise pas non plus d'être alitée tout le temps. L'idée est plutôt d'être au repos le plus possible, de faire la mémé à la maison, mais de pouvoir quand même me lever pour préparer à manger, me balader trente minutes le matin et l'après-midi, etc.

Je fais lire le message d'Élie à Thibault, et là, il commence à comprendre que ça ne va pas bien. Comme toujours, il me rassure et me dit qu'on va plus se reposer et moins sortir.

N'empêche que je suis déprimée. Je pense à mon nouveau mode de vie, et même si je me dis qu'il ne faut pas que je me plaigne car il y a des gens qui ne peuvent pas avoir d'enfants et d'autres ont des enfants qui décèdent, je ne peux pas m'empêcher de repenser à mon année 2019 et à tout ce qu'on a vécu qui n'était vraiment pas facile.

Le lendemain, je me lève de mon lit, et je vais m'installer sur le canapé, où je sens bien que je vais passer beaucoup de temps dans les jours et les semaines à venir. Maylone me fait plein de câlins. Je pense qu'il comprend que je ne vais pas très bien.

J'essaye de me dire que ça va et de changer d'état d'esprit pour mon moral. En effet, comme je vous l'ai dit, pour moi, le positif attire le positif.

# L'ÉDUCATION DE MES ENFANTS

À treize semaines, je poste sur les réseaux sociaux une photo de moi en maillot de bain avec mon fils. C'est vraiment un grand pas pour moi. J'ai retrouvé mon moral. Je suis positive, et j'y crois. Je suis convaincue que tout va bien se passer, donc je poste cette photo.

Mais la réaction n'est pas celle à laquelle je m'attendais. Je suis tellement plate et mince que les commentaires fusent. Je sais qu'en tant qu'influenceurs, on est très exposés à toutes sortes de commentaires, mais parfois, c'est dur quand je lis certains messages, par exemple : « Tu es toute maigre, pauvre enfant. Mange ! Ne viens pas pleurer si tu as encore des problèmes, si ton enfant naît avec des malformations. » C'est d'autant plus injuste et méchant que je ne suis aucun régime et que je suis la première à me goinfrer de kebabs, burgers, crêpes au Nutella, etc., pour cette seconde grossesse.

De son côté, Thibault a carrément limité son temps sur Instagram à quinze minutes par jour et ce n'est pas plus mal, parce que quand tu traînes sur les réseaux, tu finis toujours par tomber sur quelque chose qui te met en colère.

Heureusement, je reçois aussi beaucoup de commentaires disant que mon fils est bien élevé. Ça me fait plaisir parce qu'il n'y a pas de mode d'emploi pour être parents, et qu'il n'y a pas de mauvais ou de bons parents. Chacun fait ce qui lui semble être bien, mais le fait d'être complimentée pour ça et que mon fils le soit aussi me fait chaud au cœur.

Comme vous le savez si vous avez lu mon premier livre, j'ai eu une éducation stricte quand j'étais plus jeune, même si j'ai fait ma crise d'adolescence et que je faisais la maligne. En fait, je suis fière de mon éducation, et j'essaye de la reproduire avec mon fils. Pas de caprices. Mon fils ne joue pas avec les choses qui ne sont pas des jouets, c'est tout ! Quand c'est non, c'est non, c'est comme ça !

S'il touche une fois, je hausse fort la voix, et je lui dis : « Non, Maylone, tu ne touches pas. ». Mais je lui explique toujours pourquoi, car c'est important qu'il sache et comprenne pourquoi il ne doit pas toucher (par exemple, parce que c'est en verre, parce que c'est dangereux, parce que c'est de l'électricité…). S'il y retourne, je hausse encore plus la voix : « Attention, maintenant, ça fait deux fois, maman, elle a dit non !!! Quand je dis non, c'est non, et si tu recommences, tu vas aller au coin ! » En général, il comprend, mais si par malheur, il recommence parce que, forcément, il veut me tester, je l'envoie au coin, et même s'il n'est pas content, je lui dis : « Tant pis pour toi, pleure ! » Je ne le console pas, j'attends plusieurs minutes, et je le préviens : « Si tu ne te calmes pas, je ne viendrai pas. » Parfois, ça lui prend dix minutes pour se calmer, et après, je vais le chercher.

Je ne cède jamais à ses caprices, jamais.

# STÉPHANIE

Depuis quelques mois, je me suis rapprochée de Stéphanie. On se voit beaucoup, d'ailleurs. On a une bande d'amis communs, et on est toujours tous ensemble. C'est vrai que Stéphanie et moi, on a eu une période où on s'était éloignées l'une de l'autre. Comme dans toute amitié, il y a eu des hauts et des bas, mais le fait qu'elle vienne habiter à Dubaï nous a rapprochées. Pas immédiatement, d'ailleurs. Il a fallu briser les silences, d'abord. Mais lorsqu'on a eu une amitié aussi forte que la nôtre, on peut tout surmonter, finalement. C'est vraiment la personne dont je suis le plus proche ici, à Dubaï. Je suis contente qu'elle soit là, et qu'elle refasse partie de ma vie.

Lorsque nous étions ensemble aux Maldives, elle m'a annoncé qu'elle était enceinte de deux semaines de moins que moi. Je lui ai sauté dans les bras tellement j'étais heureuse. Nous allons vivre notre grossesse ensemble, et nos enfants grandiront ensemble.

# GROSSESSE COMPLIQUÉE, ÇA RECOMMENCE…

Le 26 mars 2021, après ma story dans laquelle j'explique avoir décidé de m'aliter volontairement, je lis un message d'abonné qui me conseille, en plus du reste, de prendre de la progestérone et d'éviter les rapports sexuels. D'un coup, je me rappelle que pour Maylone, je prenais de la progestérone tous les jours. J'envoie donc un message à ma gynécologue pour savoir ce qu'elle en pense. Elle me dit que la progestérone est prévue dès la pose du cerclage, mais aussi qu'il faut que j'évite les trajets en voiture, que je limite les rapports sexuels, que l'alitement est à envisager, et qu'elle espère que les choses ne vont pas empirer avec mon cerclage prévu le 3 avril, pour que je puisse partir en France le 1er mai.

J'ai si peur à ce moment-là, si vous saviez… Cette grossesse ressemble de plus en plus à celle que j'ai eue pour Maylone. Ça me met un gros coup au moral.

Je ne me sens pas bien, j'ai envie d'être entourée de ma famille cet été, pas comme celui d'avant. La solitude était pesante, même si on avait régulièrement des visites de nos proches… Je veux vivre normalement et arrêter de stresser.

Je ne sais même pas comment je vais l'annoncer à Thibault… Comment lui dire qu'on va devoir diminuer considérablement nos rapports sexuels ? Je sais que le stress m'empêchera de toute façon de profiter de ces moments à deux, par peur d'avoir des contractions. Mais je comprends que ces derniers mois ont été un enfer pour lui, entre l'alitement pour la grossesse de

Maylone, les problèmes de santé de notre fils, tout ce temps passé à l'hôpital… Impossible d'avoir la tête à ça. Et puis, il y a eu la chirurgie pour mes fesses, et donc encore de l'abstinence. Enfin, je suis retombée enceinte. Ma libido n'était déjà pas au plus haut, mais cette conversation avec ma gynécologue a fini de l'achever… Je suis totalement dépassée !

Je pense aux personnes qui me disaient : « Ne t'inquiète pas, aucune grossesse ne ressemble à une autre ! » J'ai surtout l'impression que c'est le même chemin qui est en train de se dessiner, en fait. Je suis en colère : tout ça, ce sont des mensonges. Mes grossesses, c'est l'horreur. Pour moi, faire des enfants, c'est un véritable combat, dans lequel je ne sais même plus pourquoi je me suis engagée. Je pensais naïvement que cette fois, ce serait différent.

Or, à nouveau, je ne vais pas profiter de ma grossesse, par exemple en mettant des jolies robes de femme enceinte ou en me baladant fièrement avec mon gros bidon dans la rue. Au contraire, à chaque pas que je ferai, j'aurai cette angoisse au fond de moi. Ce n'est pas une vie ! Je sais que des personnes ne parviennent pas à avoir d'enfants, je sais qu'il y a des situations plus compliquées que la mienne, mais là, c'est dur de relativiser. J'aurais juste tellement voulu, cette fois-ci, vivre cette aventure « normalement ».

Bizarrement, durant cette journée-là, alors que j'ai du mal à voir le positif, je ressens des petites bulles : c'est le bébé qui bouge. Comme un signe, comme s'il se manifestait pour me dire : « Je suis là, ne t'inquiète pas, ça va aller. »

# LA RUPTURE

Pendant cette journée où je me sens si triste, Thibault est en train de tourner son clip pour sa chanson « Hasta Luego ».

Il rentre à 23 heures et voit aussitôt que je ne vais pas bien. Je me confie à lui en pleurant. Une nouvelle fois, il me rassure en me disant que ça va aller, que tout va bien se passer. Je lui demande de me raconter son tournage. Il me répond que ça s'est bien passé, mais qu'il est épuisé par ces douze heures d'enregistrement.

Tout à coup, il me parle d'une femme, une Brésilienne qui jouait celle qu'il devait séduire dans le clip. Il me dit avoir été mal à l'aise, avoir eu du mal à la regarder dans les yeux et à être proche d'elle. Je sens la haine monter en moi. « Pardon, tu te fous de moi ? Tu étais en mode séduction avec une meuf pour ton clip ? »

J'explose et lui demande de quitter la chambre. Je n'en reviens pas. Je pleure toute la journée, j'encaisse les mauvaises nouvelles, pendant que Monsieur séduit une meuf pour son clip et s'allonge dans un canapé avec elle ? Il m'assure que ce n'est pas du tout ça, et que c'est justement pour cette raison qu'il ne m'a rien dit avant. « Parce que tu me casses toujours les couilles ! » Ses paroles sont très blessantes pour moi.

Avant de tourner un clip, le scénario est écrit d'avance, il sait toujours précisément ce qu'il aura à faire. Il me l'a donc délibérément caché. Il m'avoue avoir hésité à me montrer la fille qu'il avait choisie la veille… Je comprends qu'il reçoit donc un casting de femmes à choisir et qu'il le fait dans mon dos ! Il me le dit comme ça, une fois que tout est fini, comme s'il n'en avait rien à faire de moi. Nous sommes mariés, et il a beau être l'artiste, il doit me consulter sur ce genre de chose. Lorsque je pars en tournage, il ne se prive pas pour me dire que je ne dois pas faire de shootings, mais lui, par contre, il se permet tout pour un clip. Il se défend en disant que c'est sa passion. Si c'est ça qui lui plaît, je l'accepte, mais il doit aussi me respecter.

Je lui balance à la figure : « Monsieur va en studio pour séduire une meuf, tout ça pour des clips à un million de vues ! Tu me manques de respect pour ça ? C'est comme si moi, je faisais la même chose pour mon compte Snapchat » (sur lequel j'ai un million de vues aussi). « Tu t'es pris pour DJ Snake ? Calme-toi, redescends sur terre. »

Il me répond qu'il ne m'a rien dit, car il savait que j'allais dire non. Mais pour moi, il m'a menti, et je me sens trahie. Et là, il s'énerve : « Ça va, je ne t'ai pas trompée, mais j'aurais peut-être dû. » Je lui dis que pour moi, ça revient au même.

Alors, il me répond : « Tu me saoules, j'en ai marre, je veux faire ma vie sans toi. De toute façon, le problème est plus profond que ça, c'est que je ne t'aime plus. »

À ce moment-là, plus aucun son ne sort de ma bouche. Je me mets à nouveau à pleurer, comme si je n'avais pas déjà assez pleuré aujourd'hui… Pour la première fois, voilà qui remet tout en question : mon mariage, ma vie, le bébé qui arrive…

En larmes, je m'isole et lui demande de partir. Il m'a brisé le cœur, et je n'avais pas besoin de ça. Je ne peux pas lui pardonner, ses paroles m'ont fait trop mal. En partant, il me traite de tous les noms d'oiseaux, mais je préfère ne pas lui répondre.

# J'attends un enfant !

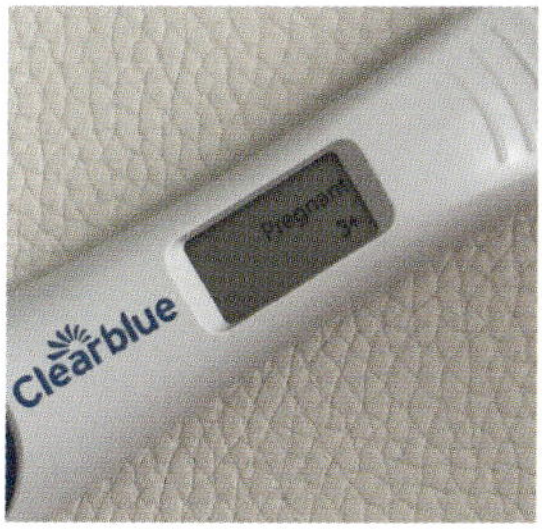

J'annonce
ma grossesse
sur Insta

Mariage de Manon et Julien

Je coupe court

Nouvelle coupe pour une nouvelle femme

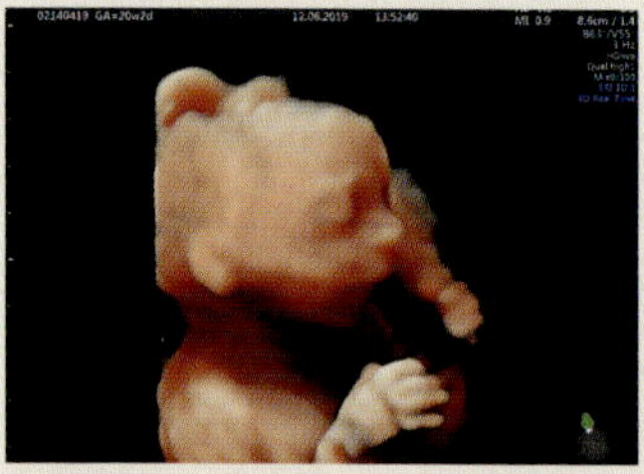

Première image de Maylone,
tout va bien

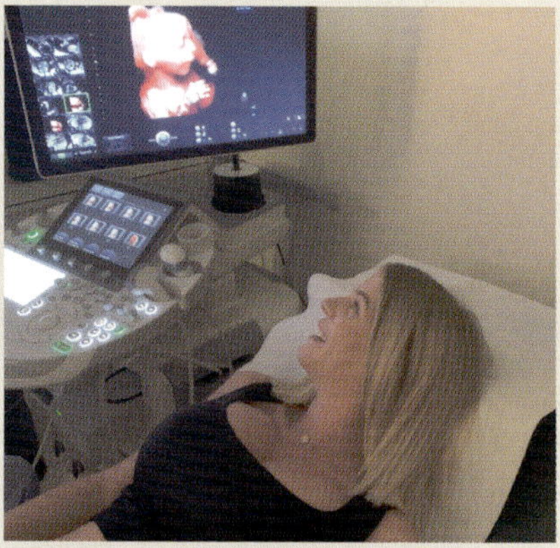

Il va bien mais je ne peux plus partir

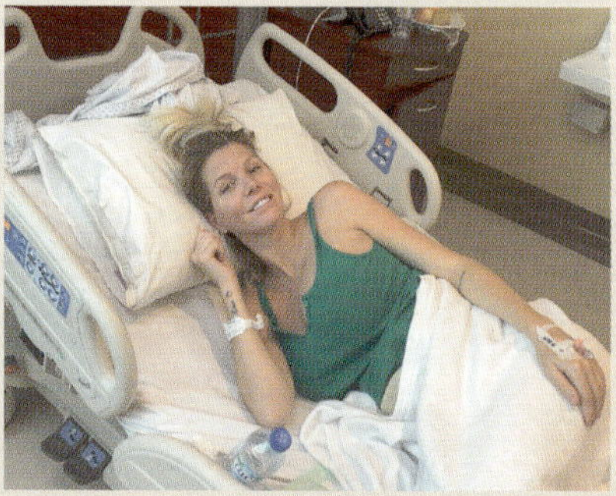

Après mon cerclage en urgence, quand un
homme a voulu entrer dans ma chambre

Je m'installe dans notre salon, pour longtemps... heureusement June et Guizmo sont là

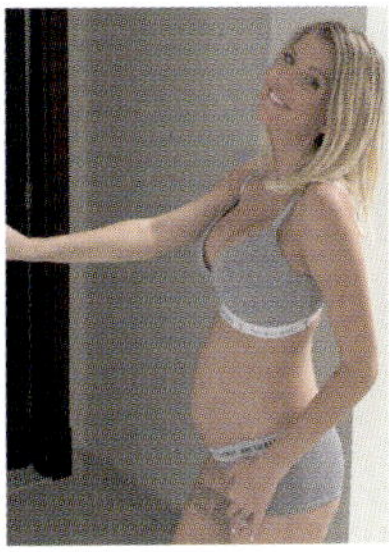

Mon ventre s'arrondit

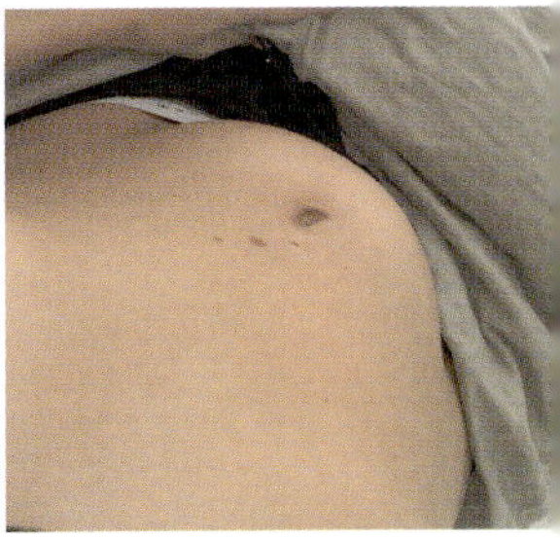

Mon ventre déformé par des contractions, ça a duré des mois

## Mon mari qui est toujours là pour moi

Quand je n'en peux plus

Quand Djamel vient me tenir compagnie

Mon livre en tête de gondole, à côté de celui de Sarkozy. Trop fière.

Les séries Netflix, j'en ai tellement regardé que j'aurais pu racheter la plateforme !

Heureusement nos parents sont venus, avec la table à côté du lit

Quand Thibault organise une petite fête à la maison, avec Célia et Olive

Quand j'essaie de faire des photos, sans me lever !

Mon matelas anti-escarres : meilleur achat de ma grossesse !

Thibault enfant

Moi enfant

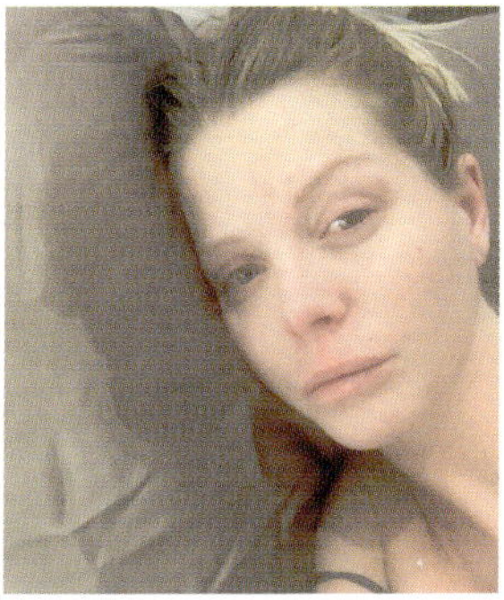

Mon oreiller est trempé de larmes tellement je suis au bout de ma vie

On commence à se projeter alors on s'équipe

Thibault toujours là pour moi

J'aime cette photo de moi

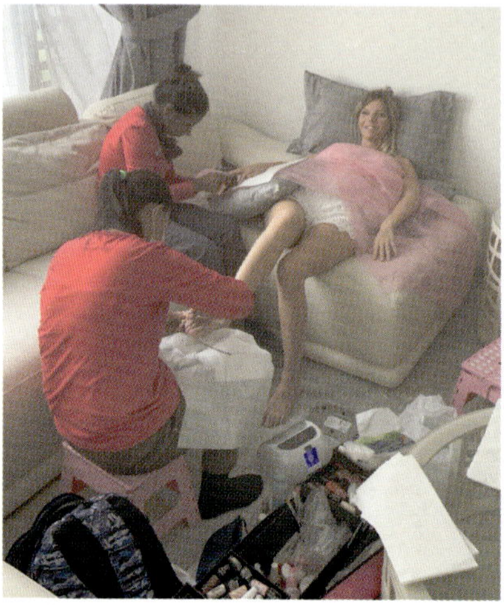

## Prendre soin de soi, malgré les circonstances : mon seul kif

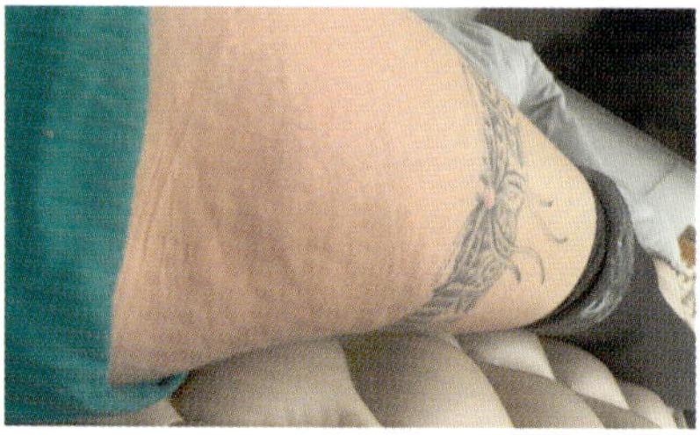

La cellulite des femmes enceintes, c'est pour moi aussi !

2e hospitalisation, 1res contractions

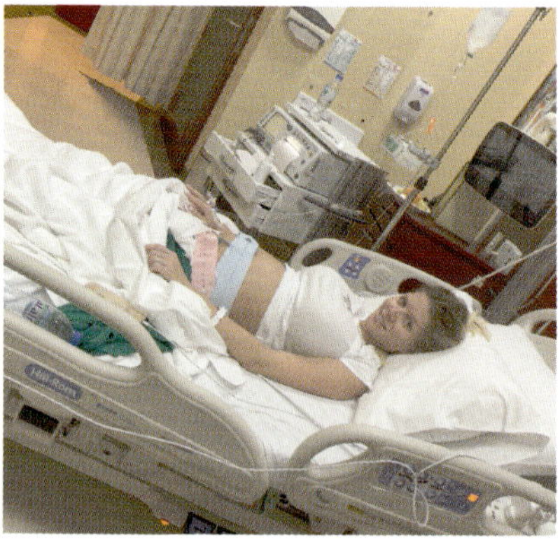

2e hospitalisation, 1res contractions

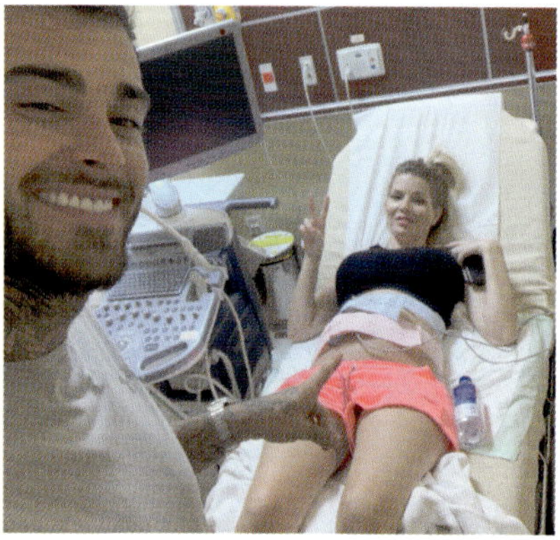

3e hospitalisation, Piqûre de corticoïdes

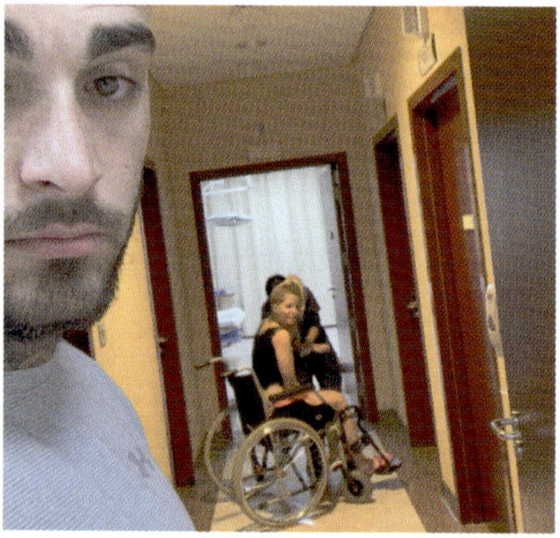

3e hospitalisation

Gender reveal, avec mes frères

Gender reveal de Maylone

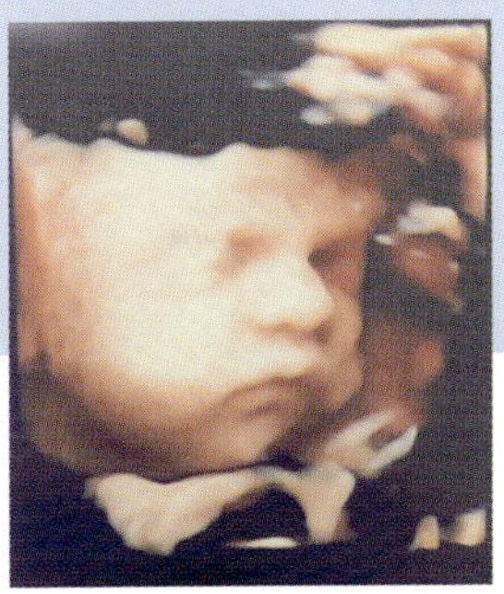

Maylone
« plus beau
bébé de la
semaine »

On passe le temps comme on peut :
jeux de société

Les bons petits plats de Thibault

Ma dégaine de tous les jours

1re sortie au Mall pour acheter la chambre de Maylone

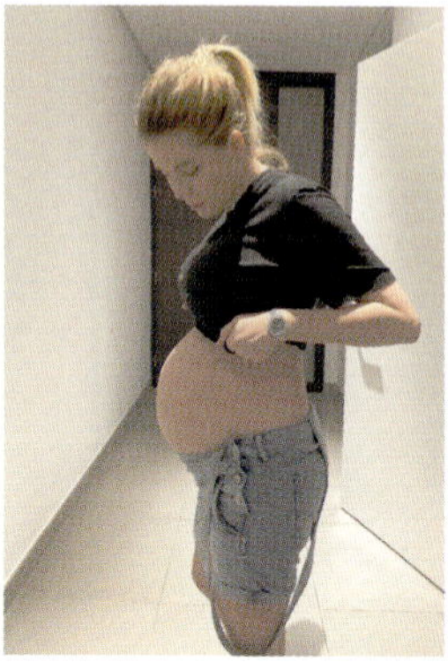

3 jours avant d'accoucher de Maylone

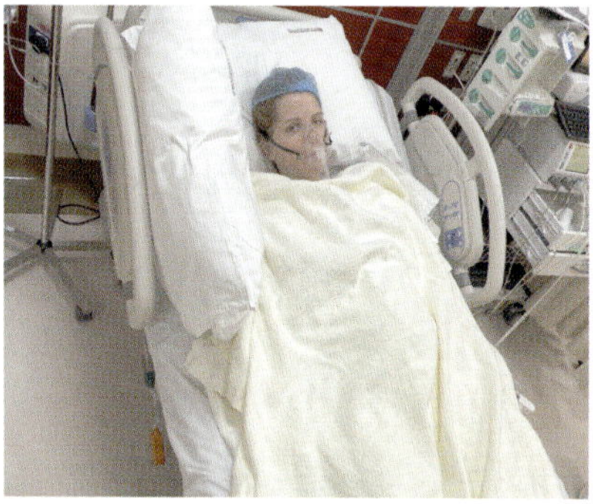

Maylone va sortir : j'angoisse

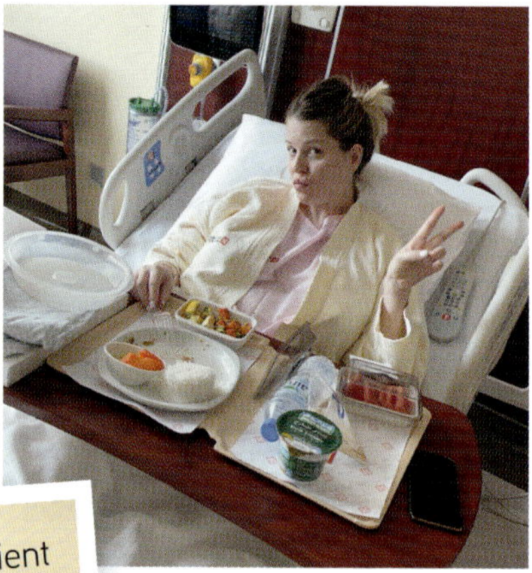

1er repas post accouchement

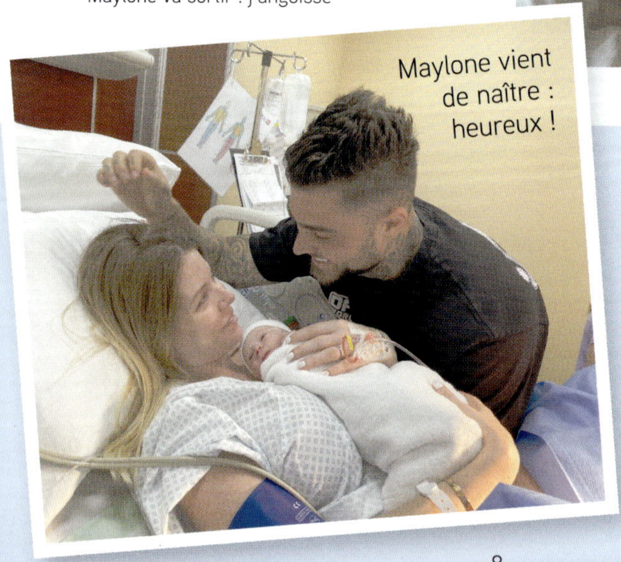

Maylone vient de naître : heureux !

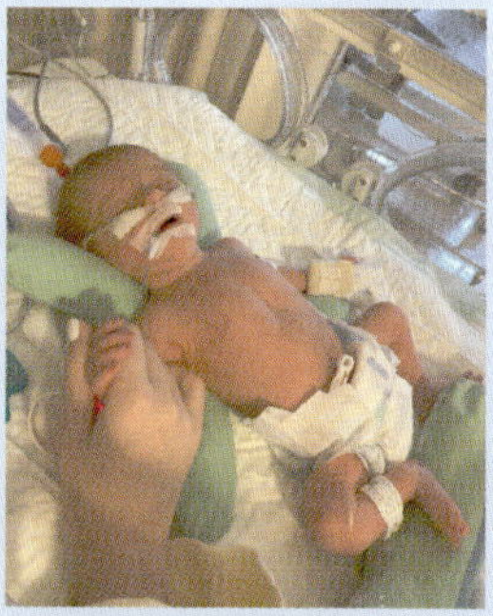

Maylone en couveuse, avant d'être transféré

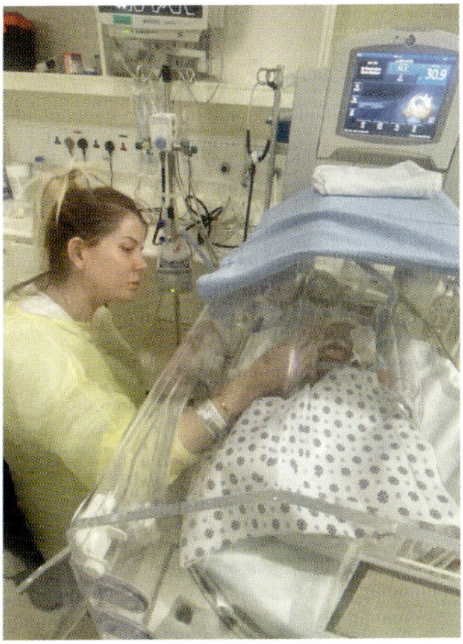


Au bout de ma vie en néonat

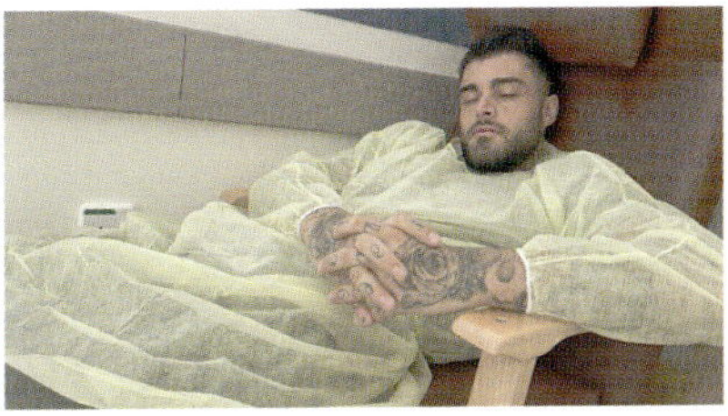

Thibault épuisé

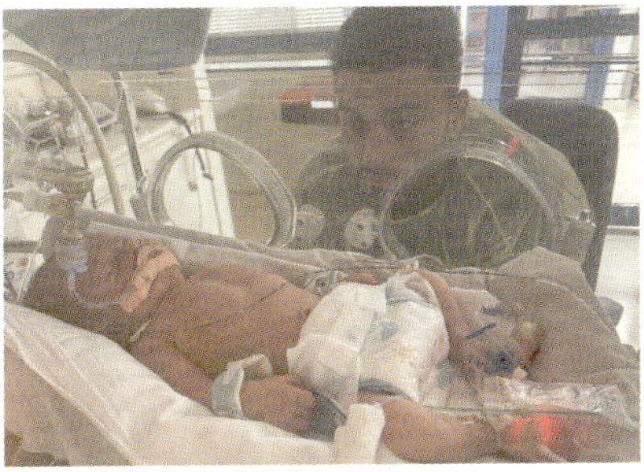

Je n'ai jamais vu autant de tuyaux !

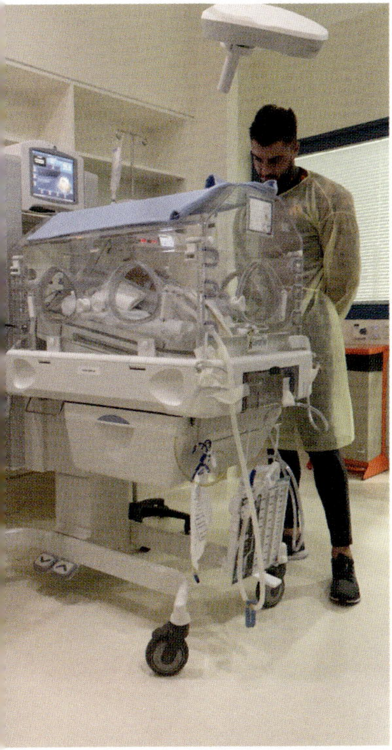

Thibault inquiet

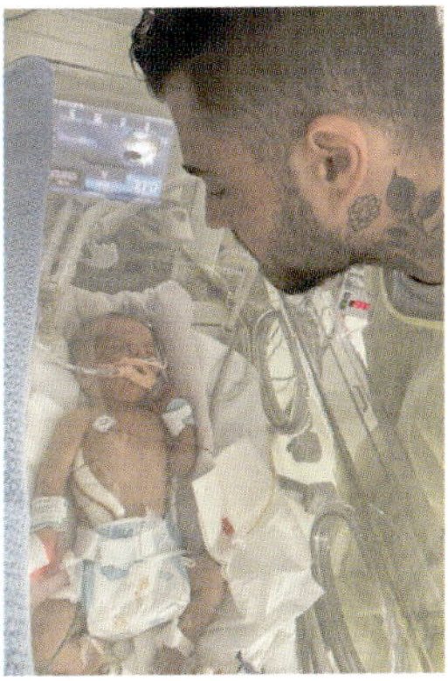

Thibault n'a toujours pas pu prendre Maylone dans les bras

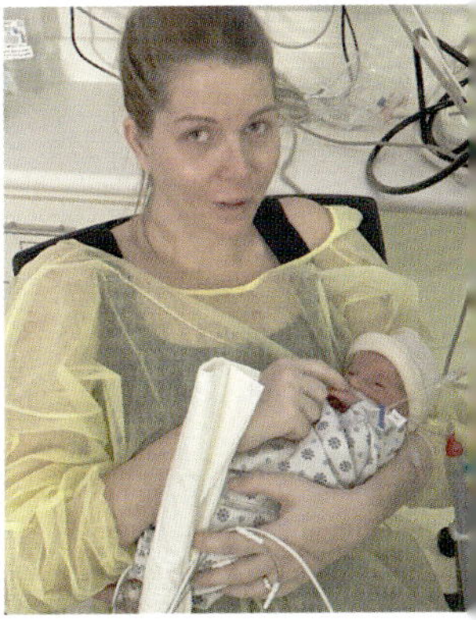

Sans commentaire...

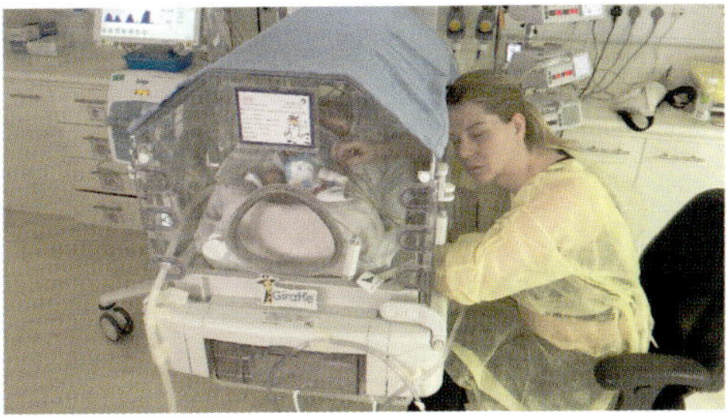


Je ne te lâche pas, mon fils !

Enfin tous les trois, avec nos têtes de zombies

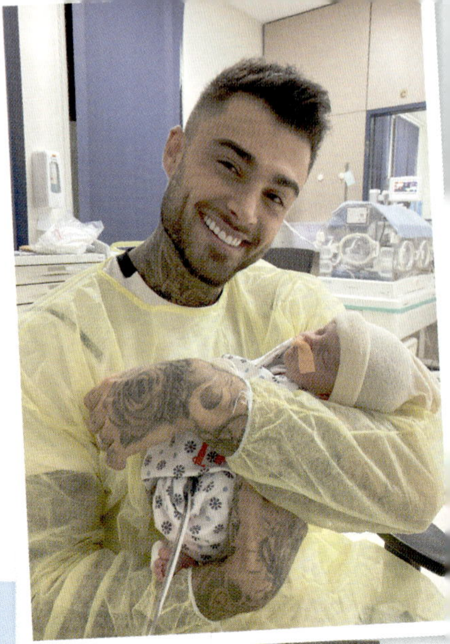

Enfin dans les bras de son père !

## Peau à peau...

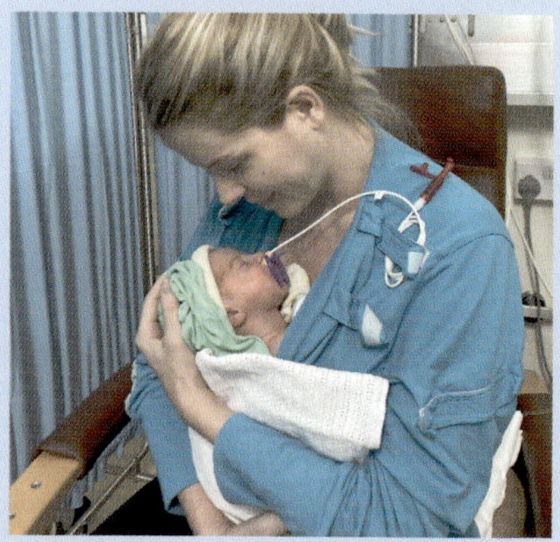

...avec Maman

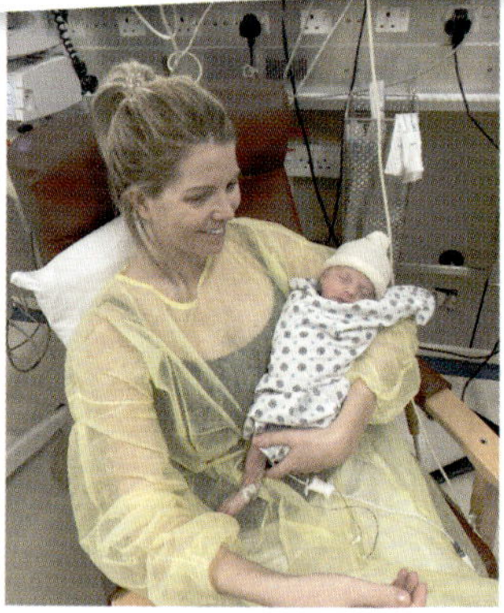

Plus de sonde dans le nez ni de perfusion : enfin !

...avec Papa

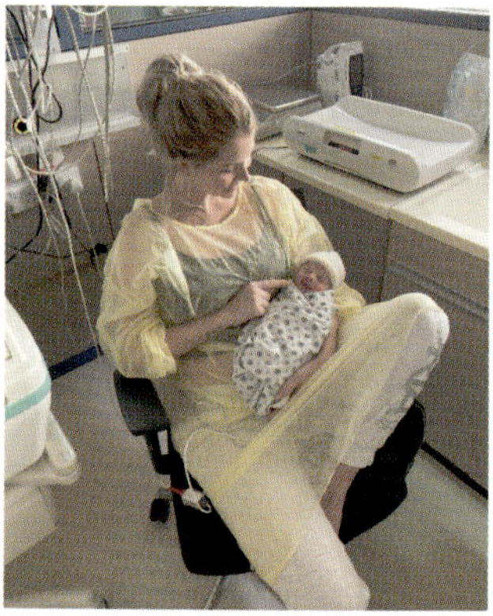

1er sourire de Maylone

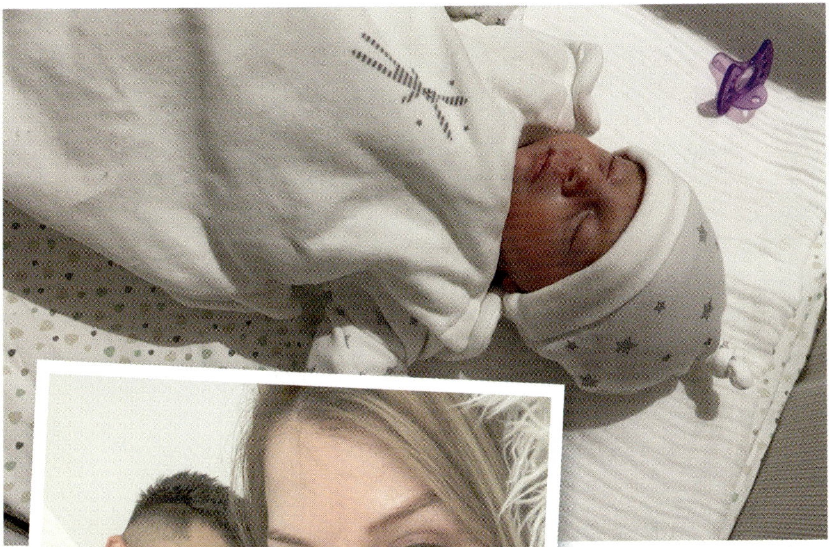

Maylone à la maison,
dans son lit

## Premiers selfies

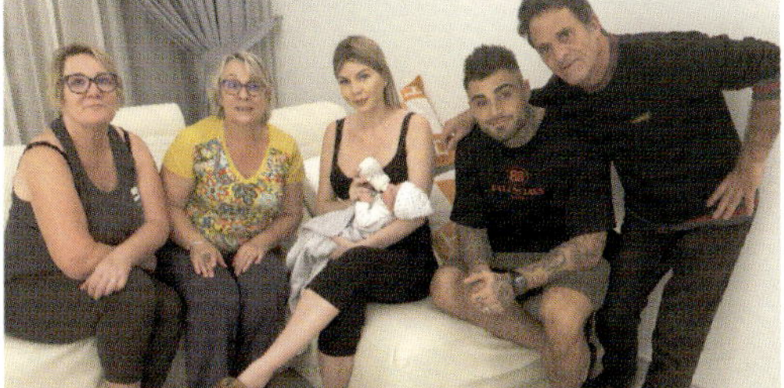

Maylone rencontre ses grands-parents

Thibault retombe en enfance

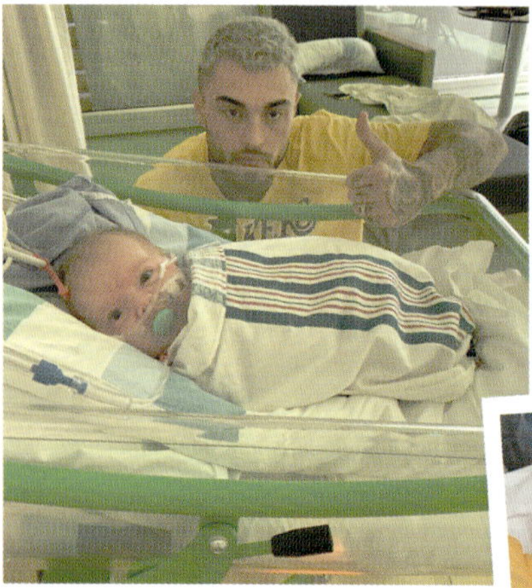

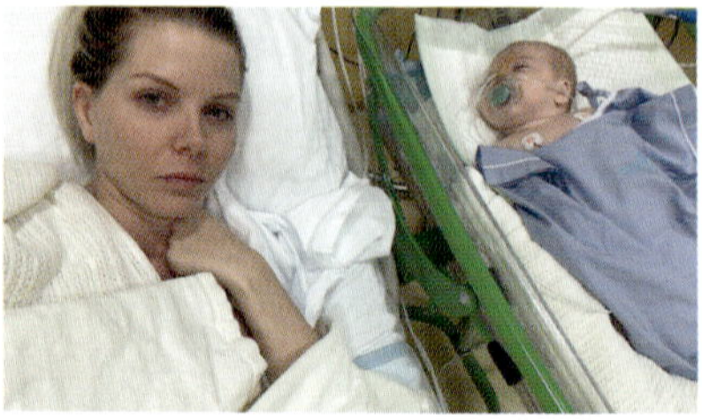

L'angoisse de perdre son fils

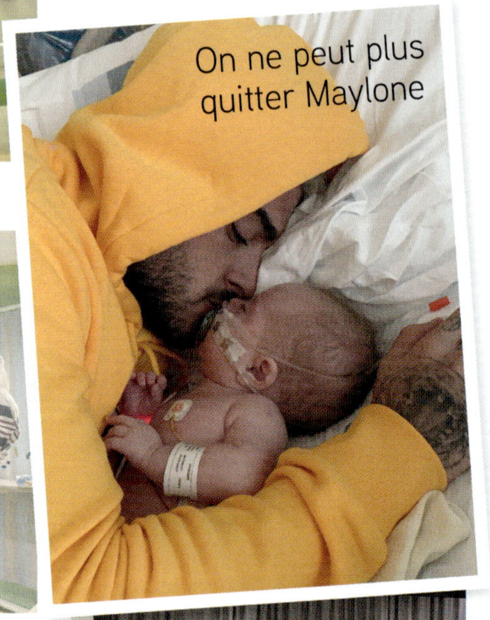


Juste après que j'ai réanimé Maylone

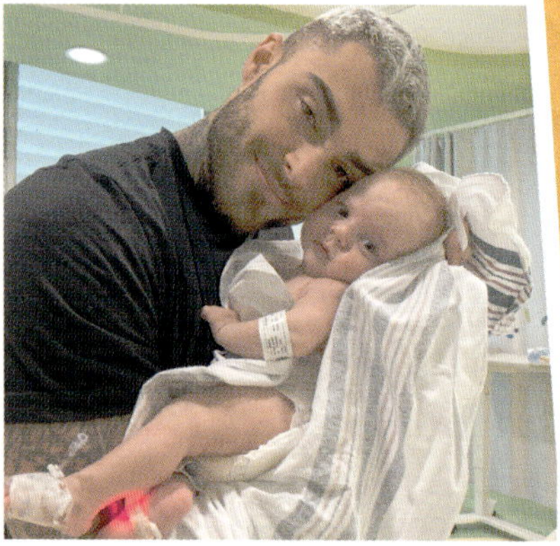

Le temps s'écoule à l'hôpital mais on va mieux

Maylone enfin de retour à la maison

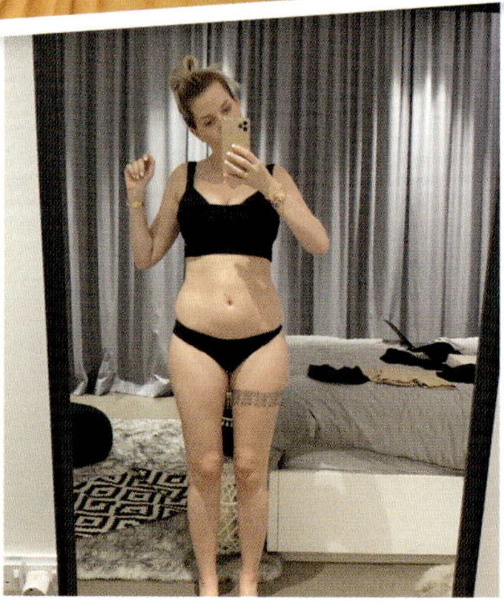

2 mois après mon accouchement,
j'ai du mal à retrouver mon corps

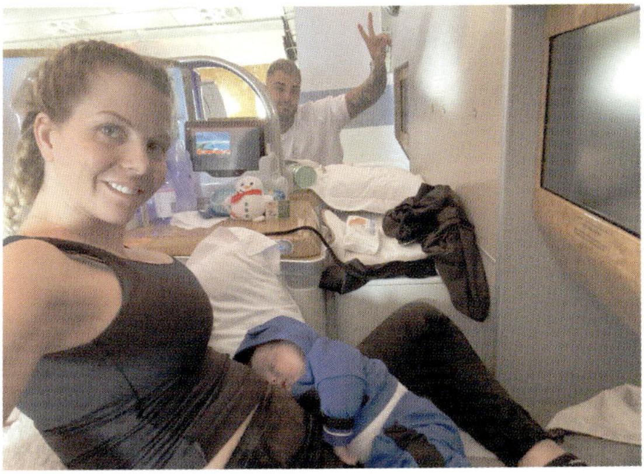

## Retour vers la France

Maylone avec sa fameuse chemise verte, le lendemain il s'étouffera encore

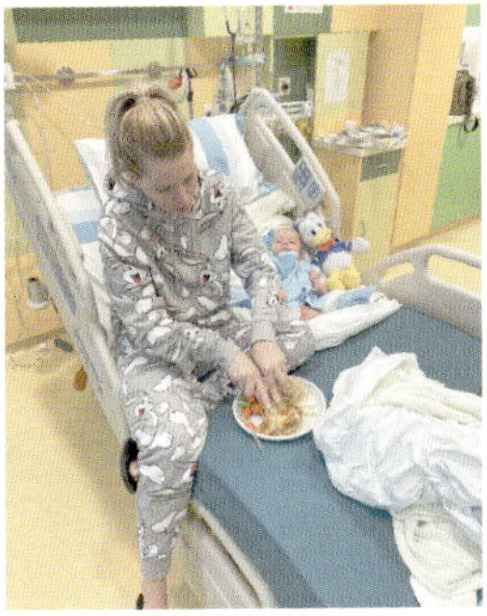

2e réanimation de Maylone ; je suis morte d'inquiétude. Lui pas.

De retour à l'hôpital après le 2e étouffement de Maylone

Encore et toujours à l'hôpital, on essaie de faire rire Maylone

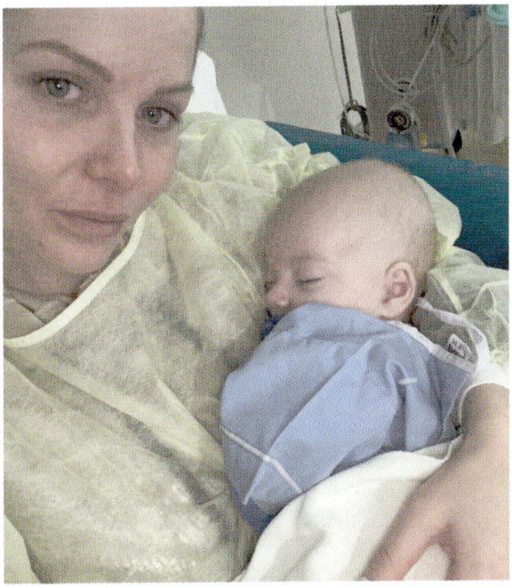

On fait les malins, mais dès qu'il dort je pleure

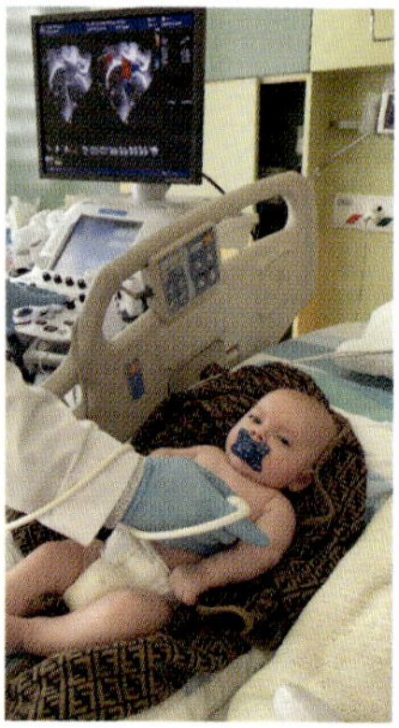

Tests cardiaques

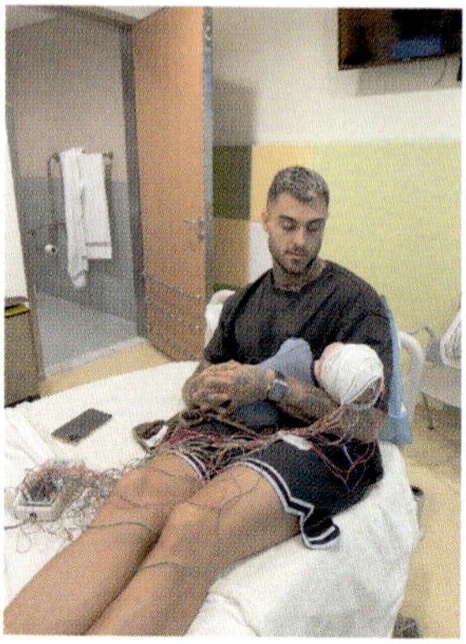

Tests neurologiques

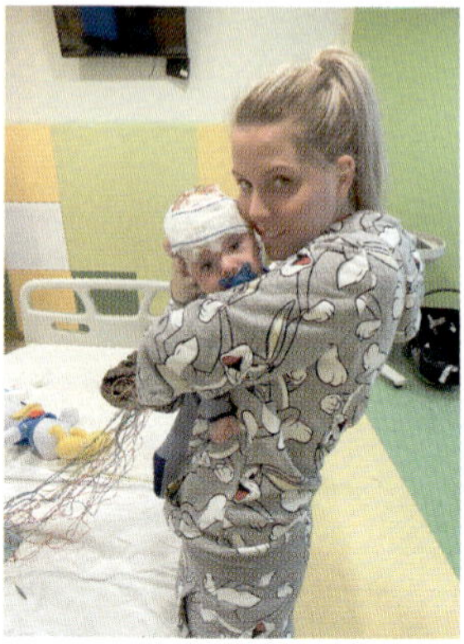

Mon bébé plein de fils

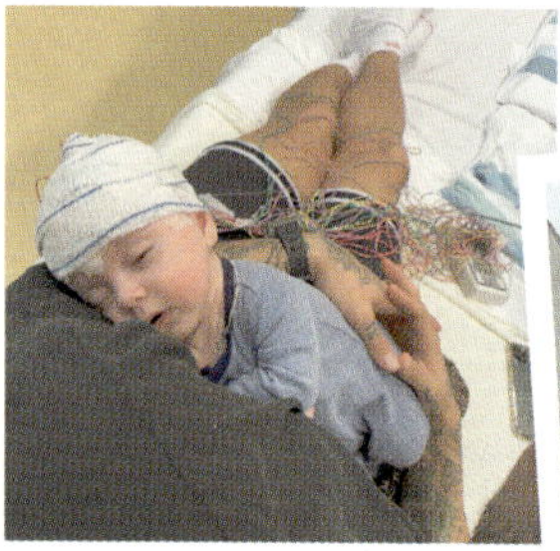

Ça fait de la peine

1res vacances
de Maylone
à l'Île Maurice

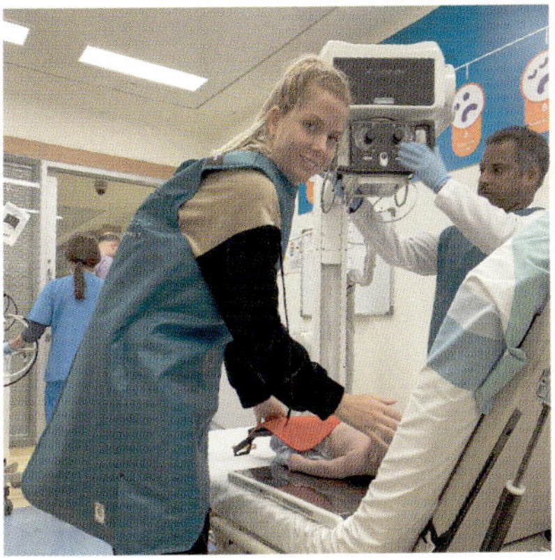

4e hospitalisation : radio pour l'atrésie de l'oesophage

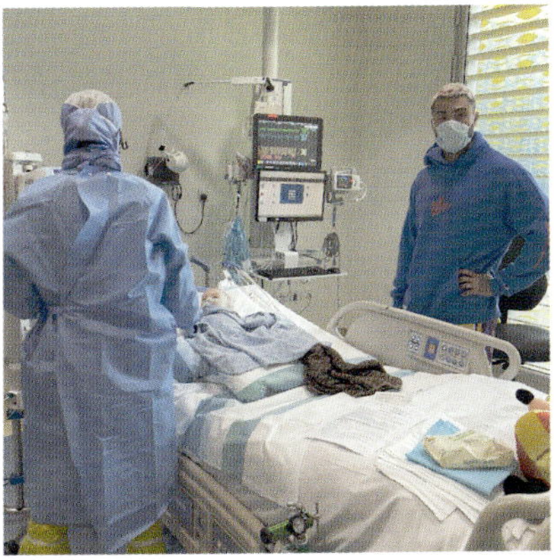

4e hospitalisation

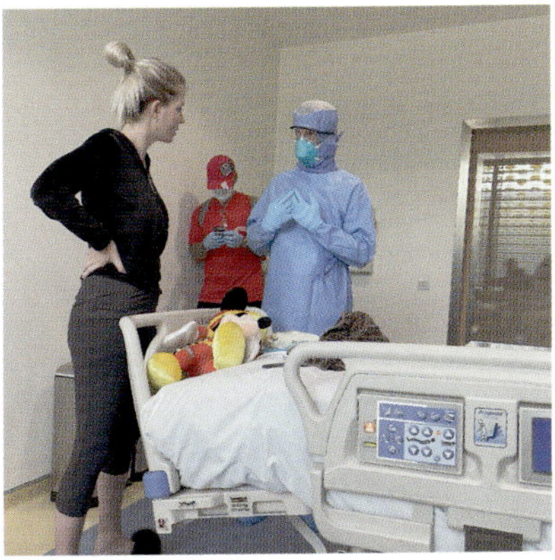

4e hospitalisation avec le Covid en plus !

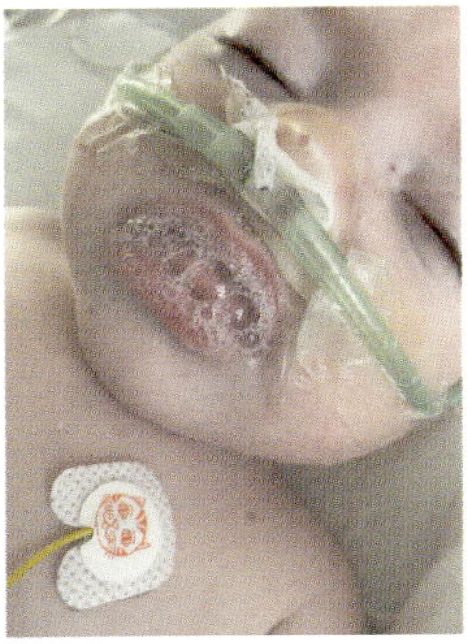

Énorme bronchiolite pour Maylone

## Soudés dans la galère à l'hôpital

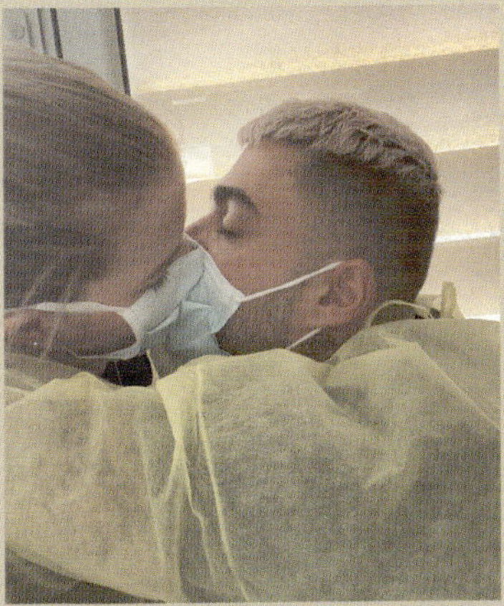

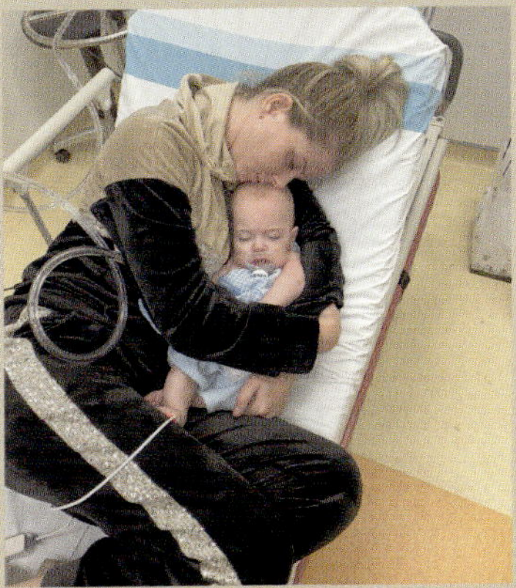

4e hospitalisation

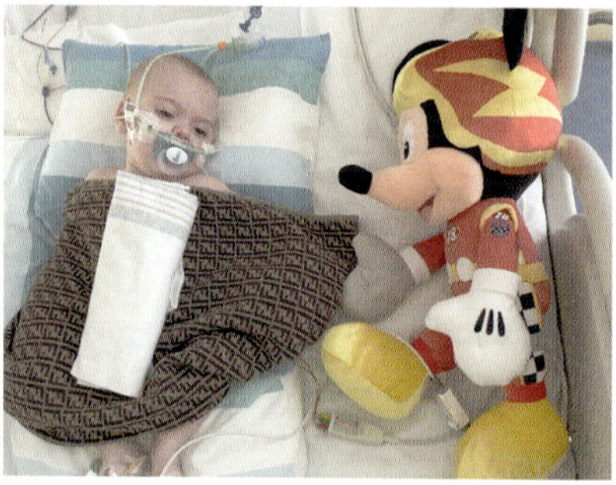

Maylone et son copain

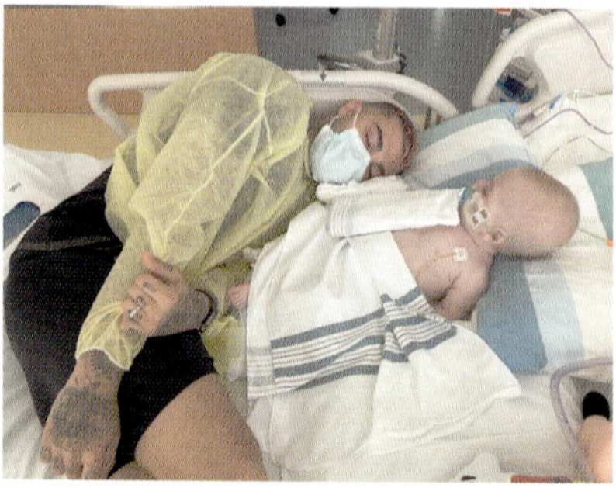

Maylone veille sur son père qui dort

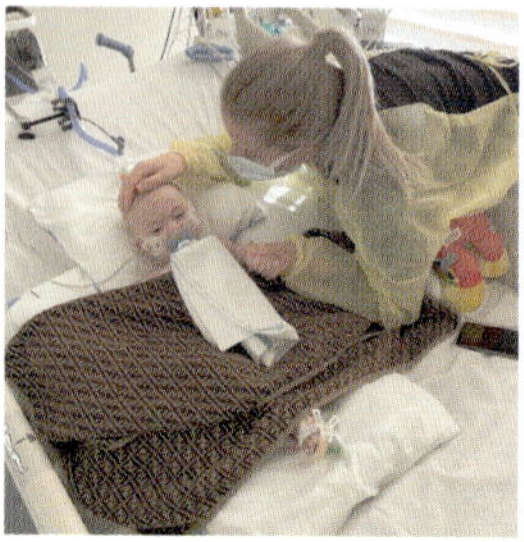

Maylone se bat, contre la bronchiolite

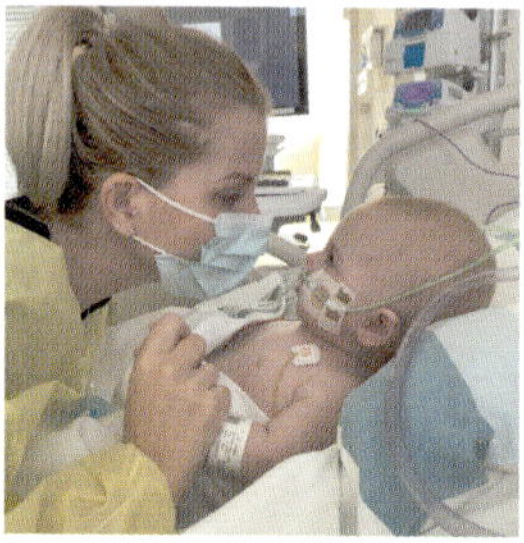

Les yeux dans les yeux. Je t'aime

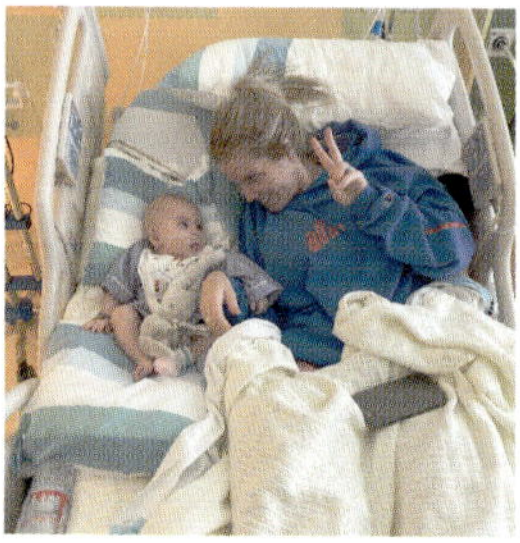

On garde le moral

## De retour à la maison

6 mois aujourd'hui

1re purée
de carottes.
Il adore !

On a signé pour notre future maison

La vie normale reprend

Dans la maison des familles, pendant
le tournage

1er anniversaire de Maylone

1er jour de crèche pour Maylone

1re sortie de Thibault seul avec son fils

Maylone annonce la grossesse à son papa

Vacances aux Maldives

Nous serons bientôt quatre

30 ans de Thibault

L'alitement reprend

J'aime tant son sourire !

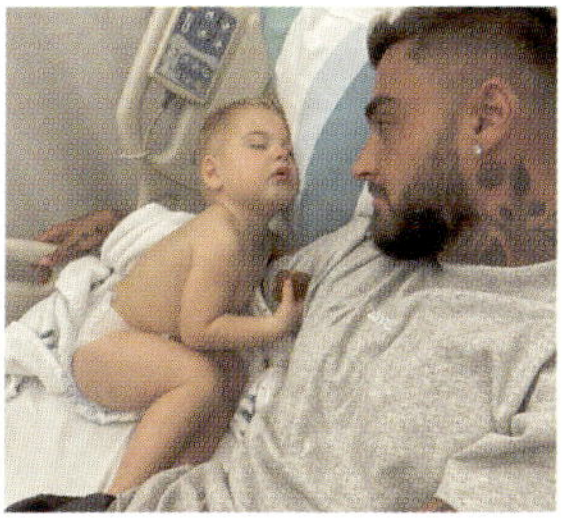

La circoncision de Maylone

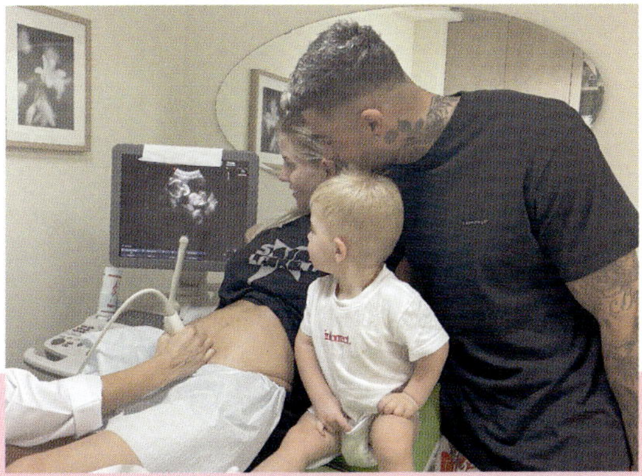

Maylone
découvre
sa soeur

Gender reveal
de notre
future fille

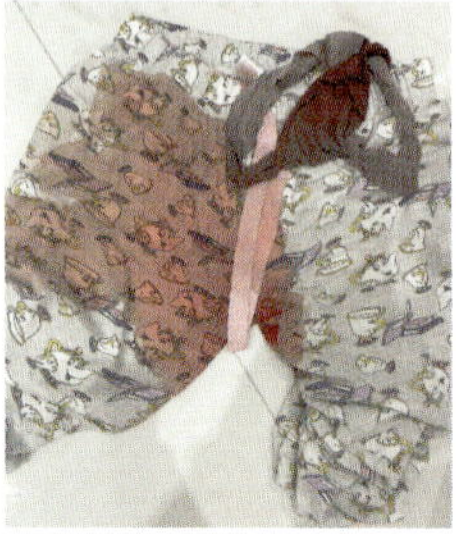

La perte des eaux
pendant la nuit

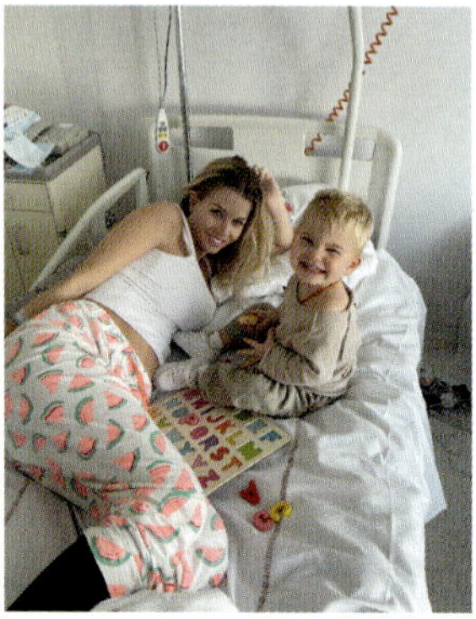

Maylone me rend visite

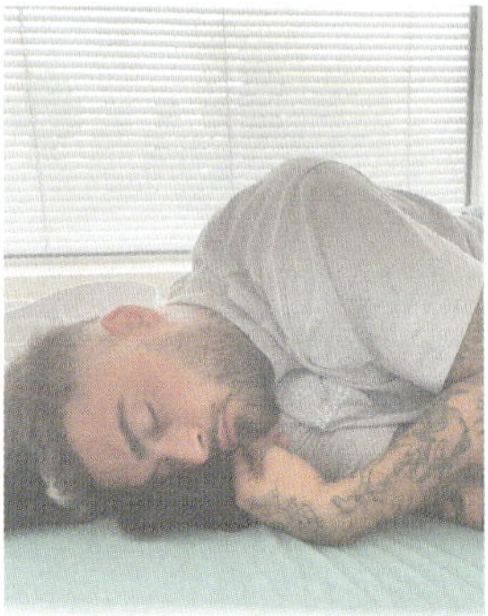

Thibault au bout de sa vie

Thibault épuisé mais jamais loin de moi

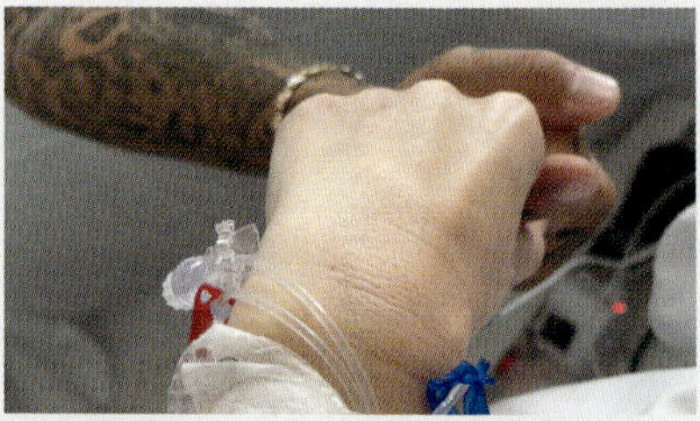

Toujours main dans la main

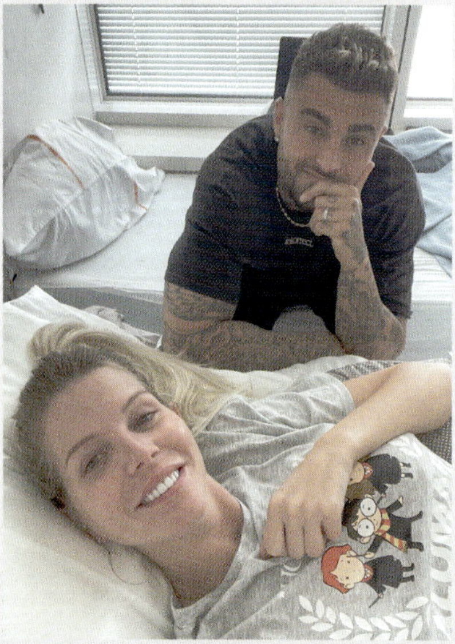

Le sourire malgré les épreuves

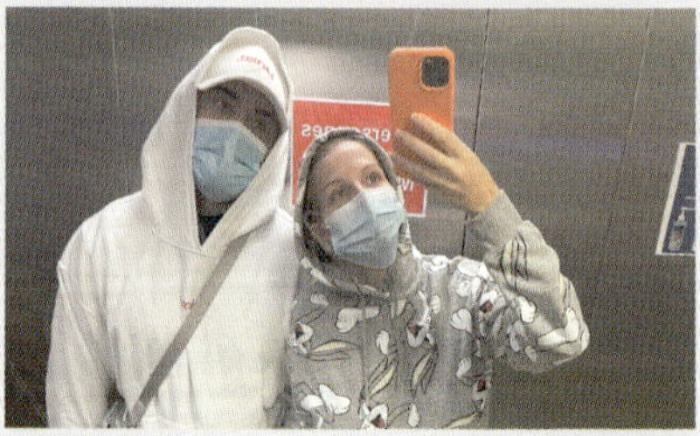

On se casse !

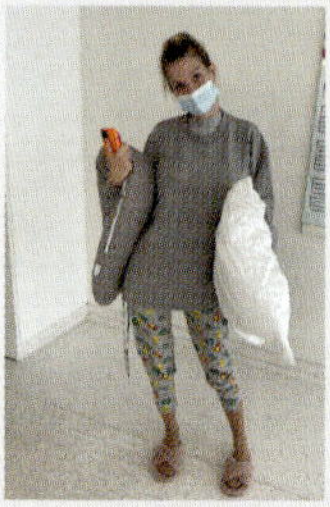

27 mai : je me
casse de l'hôpital

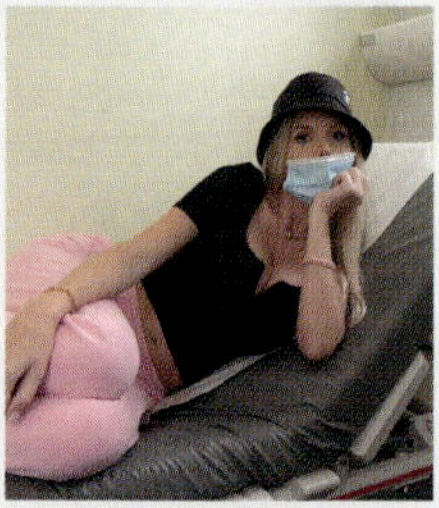

Incognito à l'hôpital
de Marseille

Dans notre salon dans le Sud

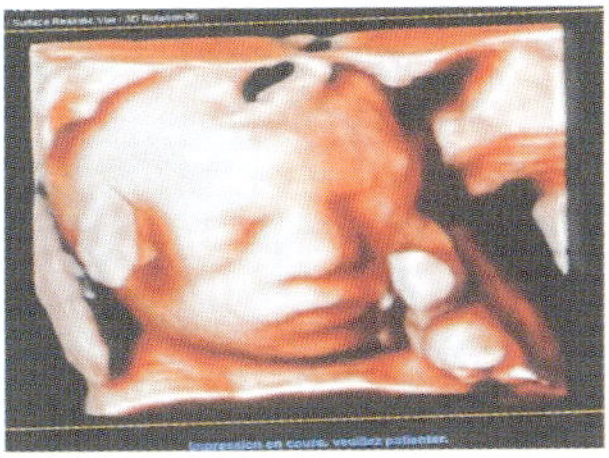

1re image de Leewane

Encore au lit, mais on sourit

A l'hôpital

Le matelas pneumatique pour pouvoir être dehors

J'ai enfin droit au monitoring parce que le bébé commence à être viable

On se fait beaux pour notre seule sortie : l'hôpital

Alitée certes, mais au soleil quand même !

Mon gros matelas

Mon gros bidon

Notre précieuse Audrey

Maylone joue avec moi

Ma seule et unique sortie hors de l'hôpital, au resto en famille pendant la grossesse de Leewane le 16 août à 34 semaines pour fêter ça.

Avec Stéphanie

Visite de contrôle

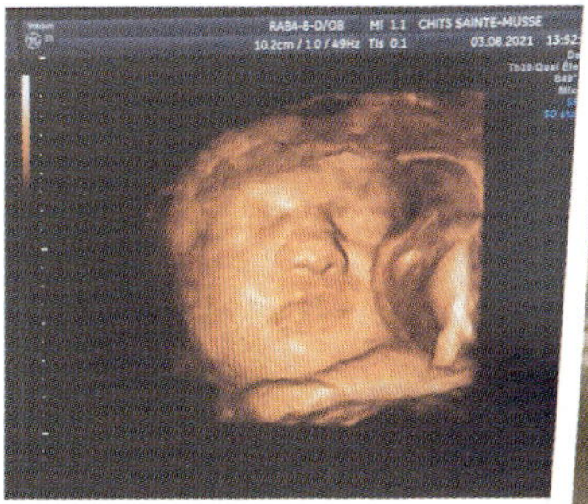


T'es trop belle, ma fille !

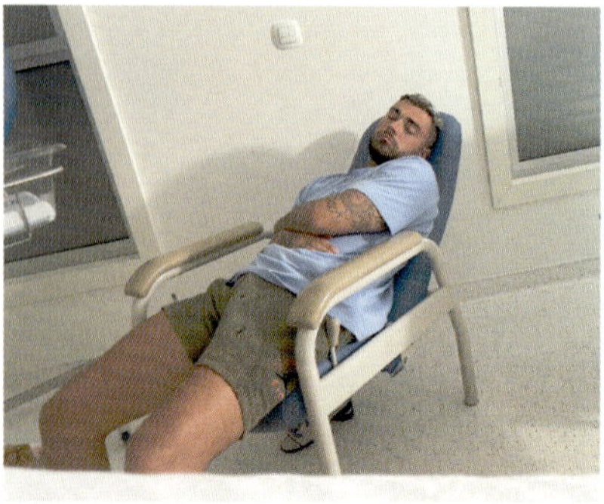

Thibault dort alors que je m'apprête à accoucher

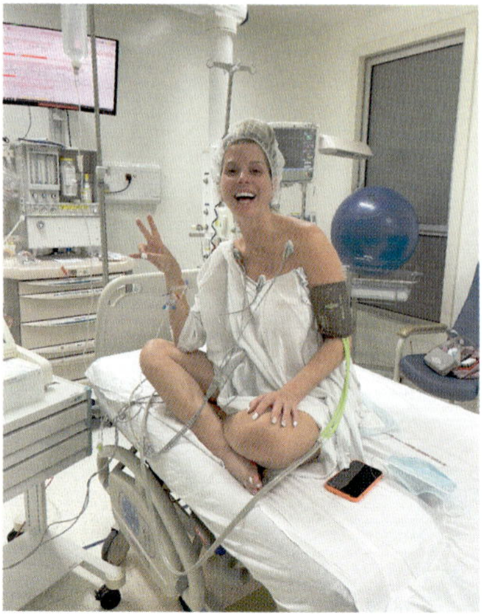

En position pour la péridurale

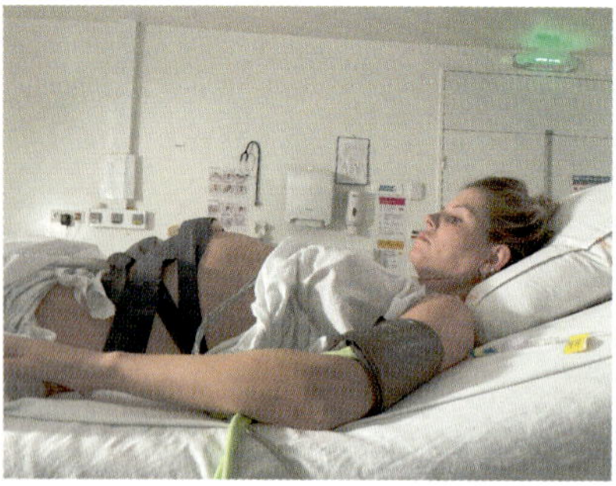

Avant l'accouchement

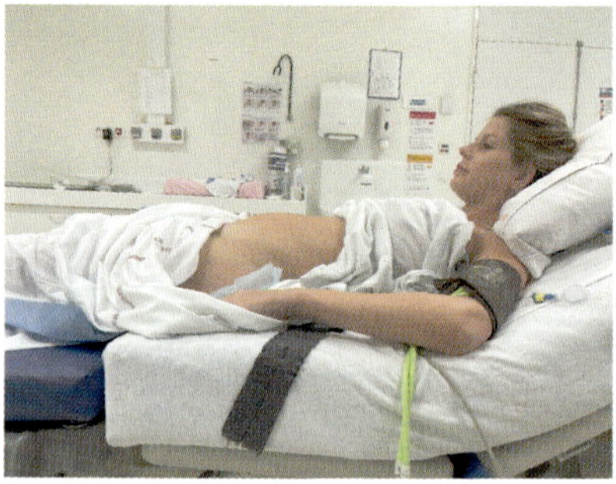

Après l'accouchement

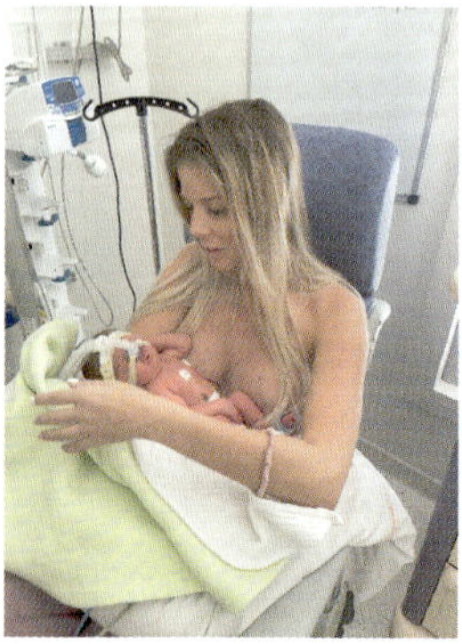

Leewane et son masque à oxygène...

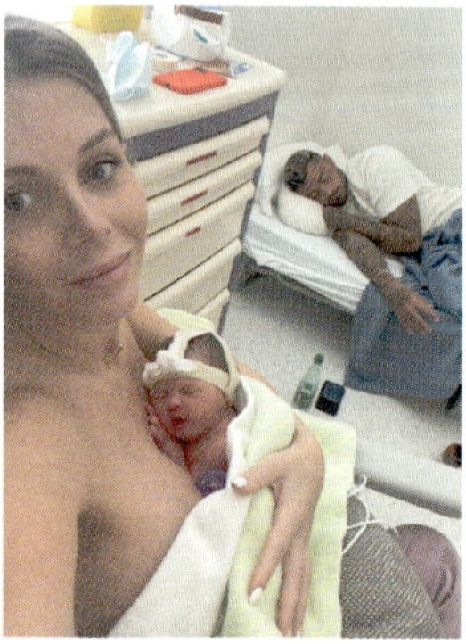

...et Thibault qui dort !

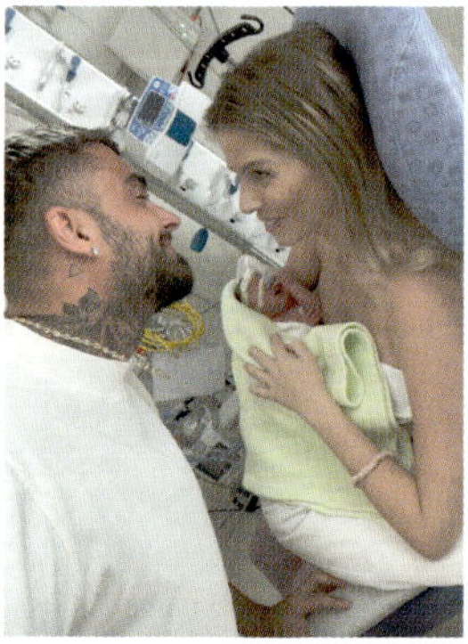

...et qui se réveille !

# Ma fille, mon bonheur

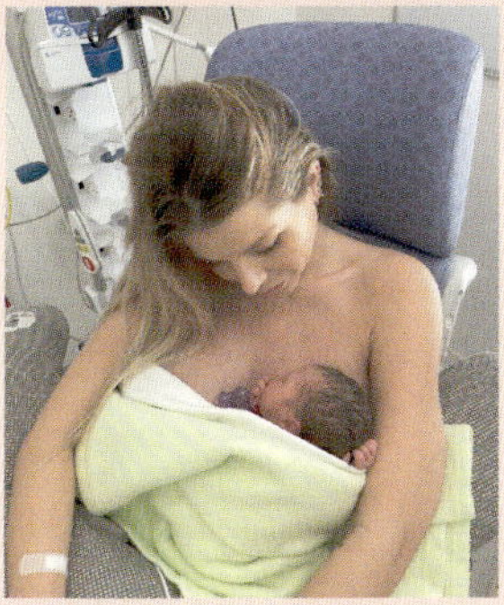

Plus de masque à oxygène

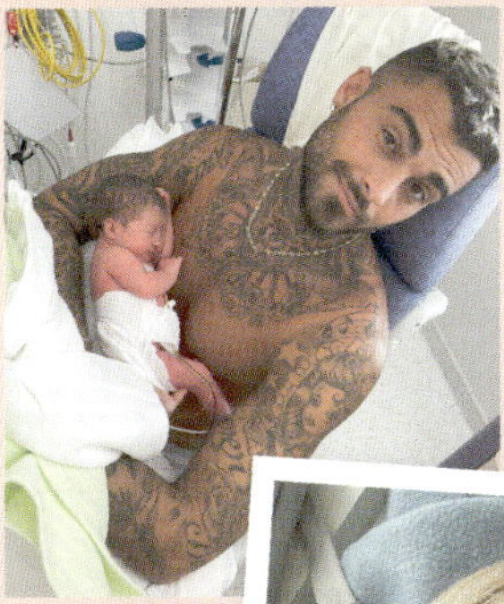

Peau à peau avec son père

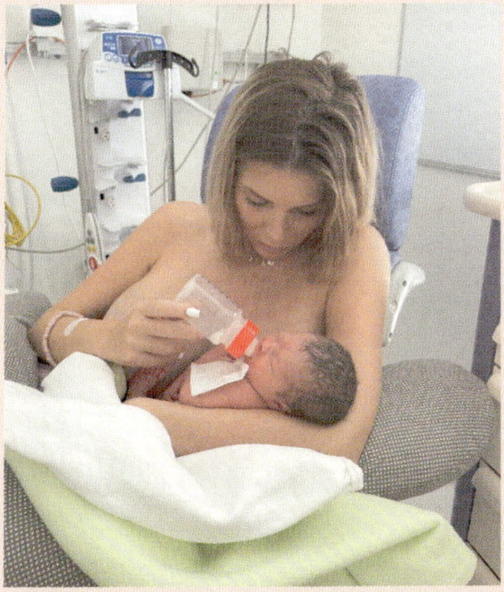

1er biberon par Maman

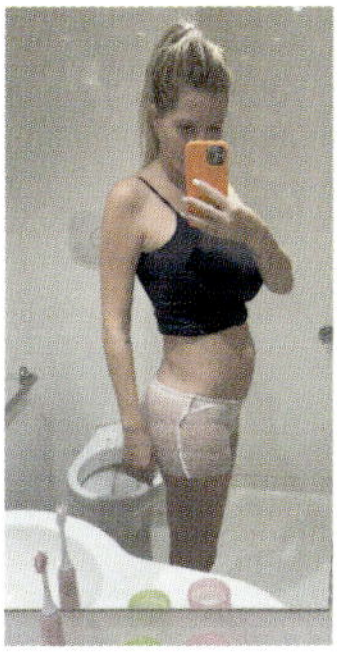

La culotte filet, tellement pas sexy !

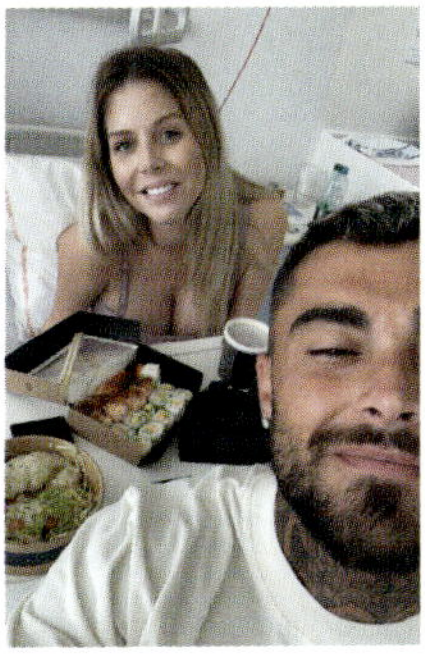

Je peux enfin remanger des sushi

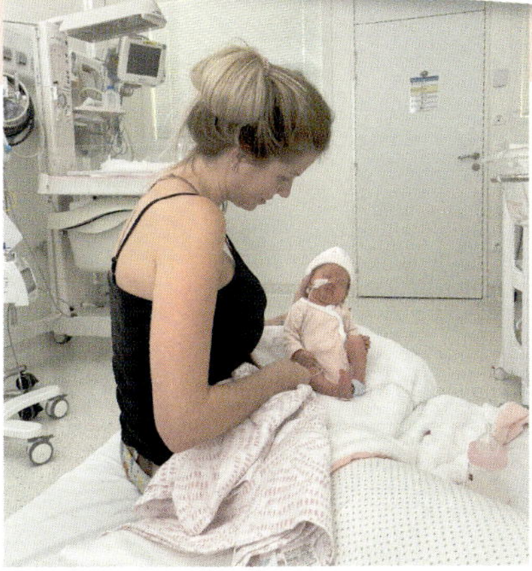

De retour en néonatalité

# La rencontre

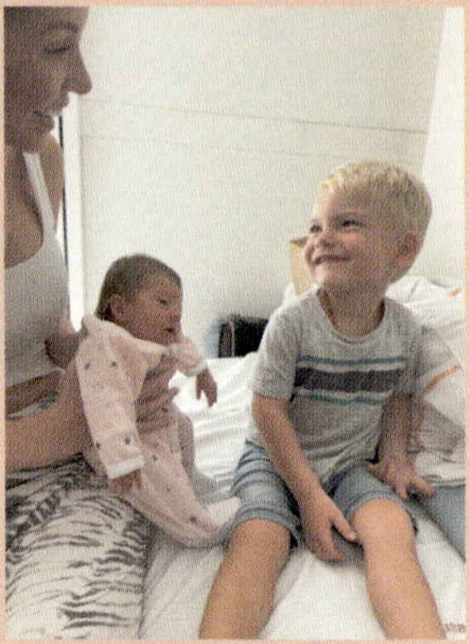

Maylone découvre sa soeur

Leewane est bien dans les bras de son frère

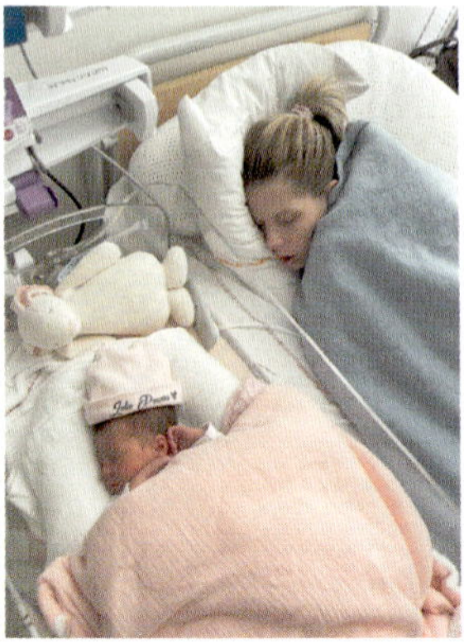

Epuisées

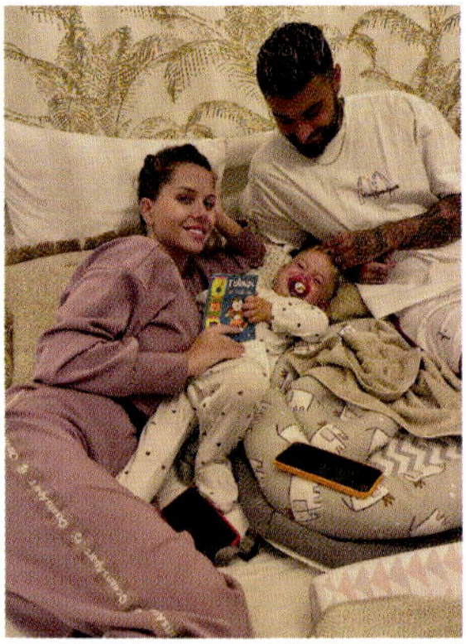

On rentre lire des histoires à Maylone avant de retrouver Leewane à l'hôpital

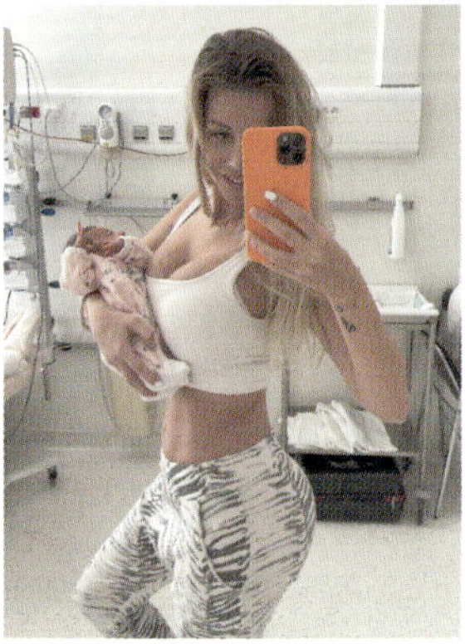

On quitte l'hôpital

Les 1ers jours : notre 1re photo à la maison

Maylone m'aide toujours

Maylone s'occupe toujours de sa soeur

On prend du temps avec Maylone

1er selfie avec toute la famille

Maylone et ses fans

Dans le jardin dans le Sud

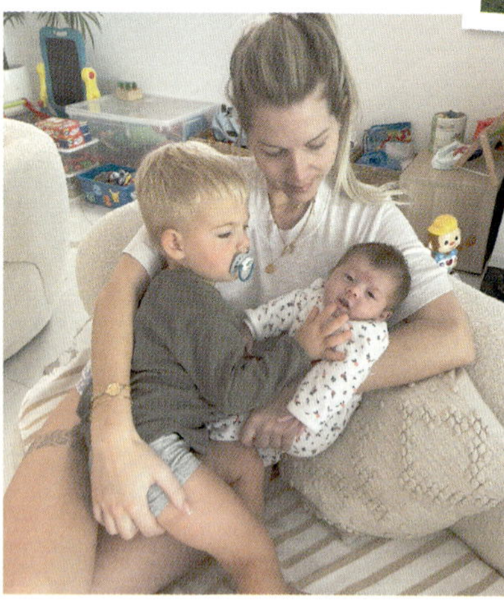

Les gâtés

Maylone ne lâche jamais sa soeur

Maylone ne lâche toujours pas sa soeur

2 enfants = épuisement

Retour
à Dubaï

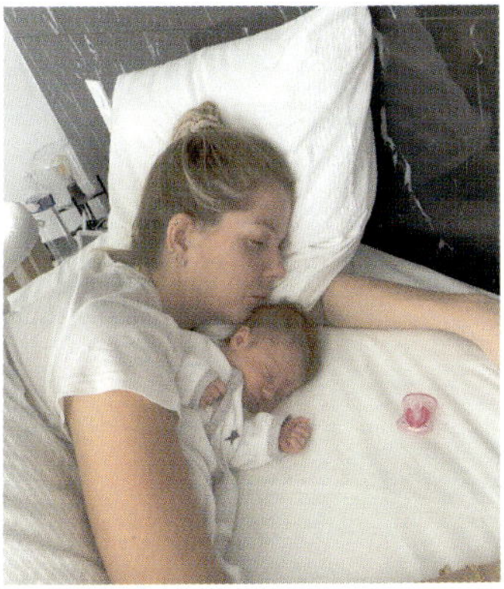

Encore épuisées

Maylone réclame sa soeur avec lui dans son lit

Beaucoup de fatigue mais beaucoup d'amour

Selfie à quatre

Nos premières sorties à Dubaï

Mes petits guerriers

Noël en famille

Kif au lagon

1re baignade de Leewane

Dans le lagon

Les dimanches en famille

Mes petits chats

Notre quotidien

En toute intimité

« Je ne t'aime plus » était la pire phrase que je pouvais entendre. Je pense que dans ce qu'il a dit, il y a une part de vérité, d'autant plus que ça n'allait déjà pas très bien entre nous.

Je lui dis qu'on ne peut pas rester ensemble, pas après ça. J'ai peur que cette phrase tourne toujours dans ma tête.

Il est d'accord pour qu'on trouve des solutions, notamment pour la maison et pour Maylone.

Il me demande si on peut stopper la grossesse, car il ne veut plus de cet enfant dans ces conditions, mais je refuse de me séparer de ce bébé qui vit en moi. Je lui réponds que ce n'est pas grave et que je serai là pour le bébé. Il me dit que lui aussi veut être présent pour l'enfant.

Alors, on décide de se séparer et de faire au mieux pour tout le monde. Il propose de m'accompagner pendant la grossesse et le repos, mais je préfère qu'il déménage, car je ne veux plus vivre sous le même toit que lui.

# GÉRER NOTRE SÉPARATION…

Au réveil, Thibault est déjà parti visiter des maisons. Il a annoncé notre séparation à ses parents, et très vite, je reçois un message de son père, qui est déçu mais qui souhaite que les choses se passent bien pour les enfants. Je lui confirme qu'on fera de notre mieux.

J'appelle Stéphanie, car je ressens le besoin de me confier. S'il m'aimait, il se serait excusé. Au lieu de ça, il part faire sa vie et se chercher une nouvelle maison… C'est bien le signe qu'il ne m'aime plus. Heureusement que Stéphanie est présente et me comprend. Dire à quelqu'un : « je ne t'aime plus », c'est pire que tout. Elle est choquée et énervée qu'il ose me dire ça alors que je suis enceinte. Elle reste avec moi, et parler d'autre chose me fait du bien.

Dans l'après-midi, je sors avec Maylone dans la résidence pour prendre l'air. J'ai besoin de m'aérer, et la présence de mon fils qui me fait plein de câlins me fait du bien. Le sourire de ce petit être innocent me permet d'oublier les problèmes, je l'aime tellement plus que tout. Je n'ai pas vu Thibault depuis le matin, et je ne sais pas ce qu'il a fait de sa journée.

Quand on rentre à la maison, Thibault est là. Maylone est tout heureux de voir son père, mais moi, je ne le calcule pas, je n'ai rien à lui dire.

Il finit par me dire qu'il voudrait rester encore un peu, au moins jusqu'en septembre, car il ne voit pas vraiment l'intérêt de louer ou d'acheter une autre maison alors qu'il est prévu qu'on reparte en France pour plusieurs mois.

Je suis d'accord pour continuer à cohabiter un peu avec lui, même si je veux vraiment arrêter cette relation, car ce qu'il m'a dit m'a fait trop de mal. En même temps, je trouve qu'il a bien fait de le dire, car je ne veux pas courir après quelqu'un qui ne m'aime plus, donc c'est mieux ainsi.

Quelques instants plus tard, il me dit qu'il ne sait plus s'il m'aime ou pas, mais que ce qu'il sait, c'est qu'il ne veut plus être avec moi ! Puis finalement, il me dit qu'il m'aime et que ce n'est pas vrai, que c'était pour me blesser, pour que je voie le mal que je lui fais. « Si tu as de la peine, je suis content, car c'est ce que je ressens. »

Mais je ne le crois pas, le mal est fait. Il a discuté avec l'une de ses amies, mariée et avec des enfants, qui lui a dit qu'il était normal que je sois un peu dure pendant la grossesse, et que même si on se sépare pour de bon, il vaut mieux qu'il attende que l'accouchement soit passé pour aller voir d'autres filles. Thibault m'assure qu'il s'est promis de ne pas le faire. Je ne sais pas trop quoi en penser, mais je lui réponds que de toute façon, l'amour, ça ne se contrôle pas et que s'il doit se passer quelque chose, ça se fera.

Il me dit aussi qu'il ne veut pas être avec quelqu'un d'autre, qu'il n'a jamais eu envie d'aller voir ailleurs. Mais pour moi, il a cassé quelque chose, et lorsque j'ai un déclic, c'est fini, je suis comme ça.

Je lui dis que je suis désolée si je lui ai fait du mal, mais que je suis enceinte, et que même si cela n'excuse pas tout, ça fait que je suis souvent sur les nerfs. Je lui conseille de ne jamais mettre une autre femme enceinte, car il ne sait pas les gérer. Quand j'attendais Maylone, nous avons eu deux grosses crises également. Mais pour moi, celle-ci est la pire de toutes.

La situation s'apaise. On discute de l'avenir, de la suite de nos projets, quand tout d'un coup, Maylone commence à avoir du mal à respirer et à faire du bruit. Thibault panique complètement, et je le rassure. Maylone tombe par terre, sa respiration est de plus en plus mauvaise. Il a peur lui aussi, il transpire, alors je le prends dans mes bras et je le calme. Il me fait un gros câlin. Je me rends compte à cet instant précis que j'ai vraiment autre chose à gérer que de penser à l'avenir de notre couple.

Plus tard dans la journée, Thibault me demande si on va réussir à être amis comme avant. Est-ce qu'il pourra m'envoyer des photos de filles, et je lui donnerai mon avis ? Je refuse. Je comprends qu'il ne m'aime vraiment plus et qu'il ne me respecte pas pour me dire des choses comme ça.

Il me confirme que oui, il ne m'aime plus, et que ce ne sont pas des paroles en l'air. Je me mets à pleurer. Je ne comprends pas pourquoi il s'acharne à me faire de la peine. Si c'est comme ça, la cohabitation ne va vraiment pas être possible !

Il finit par s'excuser. J'ai tellement de peine que mon ventre me fait à nouveau souffrir, pendant que lui dort à poings fermés.

En pleine nuit, je me réveille en pleurs ; je ne me sens vraiment pas bien. Des questions fusent dans mon cerveau. Je me demande comment mon mari peut me faire autant de mal. Thibault se réveille à son tour et me demande si j'ai fait un cauchemar. Je lui dis que non, qu'il ne s'inquiète pas.

Je pars me réfugier dans la salle de bains pour pleurer un bon coup, puis je reviens dans le lit. Il me demande si ça va. Je lui dis : « Qu'est-ce que ça peut te faire ? De toute façon, tu t'en fous ! » Il me répond que c'est vrai, se retourne et se rendort. Mon Dieu, qu'est-ce que ça me fait mal… Il a réussi à me dégoûter de lui et de notre relation. Plus jamais je ne veux vivre comme ça ! Je fais toujours confiance à mon destin et à ma bonne étoile, mais là, j'ai un enfant dans le ventre, et j'en arrive à la conclusion que notre relation ne peut plus continuer ainsi. Quel cauchemar !

Je me pose beaucoup de questions. Pourquoi est-ce qu'il me dit tout et son contraire ? Un coup, je ne t'aime plus ; un coup, je ne sais pas ; puis finalement, je t'aime encore, tout ça pour continuer à me faire du mal. C'est pourtant la dernière chose dont j'ai besoin avant mon intervention de cerclage. Petit à petit, je me détache de lui, il ne mérite pas que je l'aime. Il faut que j'arrive à surmonter cette épreuve, pour moi, pour Maylone, et aussi pour ce bébé à naître qui n'a rien demandé à personne et qui ressent toutes mes émotions. Je dois être forte pour lui.

Le lendemain, Thibault part faire ce qu'il a à faire, et je ne suis toujours pas bien. Le soir, j'ai un rendez-vous au restaurant avec des amies, et je décide d'y aller quand même pour m'aérer l'esprit. Je me confie à elles sur notre séparation, et ça me soulage. Je leur explique que, cette fois, il ne s'agit pas d'une simple dispute de couple et qu'il n'y aura pas de retour en arrière. Mes amies sont toutes mariées avec des enfants, et m'expliquent que ça arrive dans tous les couples de se dire des choses méchantes, et qu'on ne les pense pas forcément. Elles me font comprendre, avec leurs propres anecdotes, que leurs couples ont traversé des épreuves similaires. Elles me conseillent de discuter avec lui, de trouver des solutions. Mais je leur dis que c'est Thibault qui ne veut plus de moi, alors que moi, je souhaite arranger les choses ! Ce n'est pas mon choix. Elles insistent et me disent de tout faire pour sauver notre couple. Leurs paroles me touchent, je pense qu'elles ont raison.

Une fois à la maison, je m'aperçois que Thibault n'est pas là. Il m'informe qu'il dormira dans la chambre d'amis lorsqu'il rentrera. Magali vient me tenir compagnie dans mon lit, mais pourtant, je continue à broyer du noir. Je finis par le supplier de rentrer, j'ai besoin de lui. Il me répond qu'il n'a pas prévu de rentrer tout de suite, car il est chez un ami et décompresse en fumant une chicha. Il pense rentrer bientôt, car il est déjà près de 1 h 30 du matin.

Mais les heures tournent, et à 4 heures, il n'est toujours pas là. Je m'inquiète : il ne me répond pas et n'est pas connecté. L'angoisse monte, je me fais des films. Je sais que Thibault n'est pas un homme infidèle, qu'il n'a jamais trompé ses ex-copines. Je ne pense pas non plus qu'il oserait me tromper alors que je suis enceinte… Mais voilà, je sais qu'il est avec des potes célibataires, alors comme toutes les femmes, je suis obligée d'y penser… J'appelle ses amis habituels, mais personne ne répond. Magali me rassure : ils sont certainement en train de dormir.

Finalement, Thibault me répond avec une toute petite voix et me demande ce que je veux. En pleurs, je lui demande : « Qu'est-ce que tu fais ? Pourquoi tu ne me réponds pas ? ». Il me dit qu'il a bu quelques verres, qu'il était fatigué, et qu'il s'est endormi avec Sébastien chez Quentin. Il comprend que je suis très mal, donc il arrive.

À son arrivée, je lui dis tout ce que j'ai sur le cœur. Je me livre totalement à lui. Je l'aime, je veux rester avec lui, il est l'homme de ma vie, et même si ça ne va pas en ce moment, je veux sauver notre couple. Je le remercie aussi pour tout ce qu'il m'a apporté de positif. J'ai besoin qu'il entende tout ça, car au moins, j'aurais le sentiment d'avoir tout fait pour sauver notre famille.

Mais il est complètement fermé. Pour lui, c'est définitif, il est trop tard.

Je fais alors une crise d'angoisse, je n'arrive plus à respirer, je pleure en même temps. Il me prend dans ses bras, me fait un câlin. Il me dit que ça va aller et que je ne dois pas me mettre dans un état pareil ! Je lui explique que je ne peux pas avoir cet enfant seule. Je ne me sens pas assez forte pour ça. Il me rassure en me disant qu'il m'accompagnera, mais qu'après, ce sera bel et bien fini. Je lui réponds que ce n'est déjà plus vrai : il est absent, il découche, il ne sera pas là ! Il me dit qu'il sera bien là lorsqu'il le faudra, mais qu'il a aussi besoin de vivre. Je trouve ça tellement égoïste de sa part, même si je sais que c'est en partie de ma faute…

Le matin, j'essaye de me rapprocher de lui, mais il veut que je comprenne que c'est vraiment terminé. Je lui ai fait trop de mal, alors qu'il m'a alertée plusieurs fois. Il a besoin d'attentions, d'amour, et il a la sensation que je n'en ai rien à faire de lui, qu'il est inexistant à mes yeux. Il veut juste être heureux.

# UNE TERRIBLE DÉCISION

Le lendemain, je comprends que c'est définitivement fini entre Thibault et moi. Alors, j'envisage de prendre une décision horriblement difficile. J'en suis à ma treizième semaine de grossesse, et je ne me vois pas vivre ça toute seule. Je ne peux pas être une mère célibataire avec deux enfants. Si je dois être à nouveau alitée, je n'aurai pas les épaules pour supporter cette épreuve. Quel intérêt pour cet enfant d'avoir une mère qui pleure tout le temps, au bord de la dépression ? Je pense aussi au retour de la maternité, sans père… Trop de raisons se bousculent dans ma tête, et j'ai l'impression de ne plus avoir d'alternative que de me séparer de ce fœtus qui est dans mon ventre.

Quand j'en parle à Thibault, il me dit qu'il est d'accord avec moi, que c'est mieux comme ça. Moi qui pensais le faire réagir, c'est tout le contraire. Du coup je me dis que c'est sûrement la bonne décision. Nous parlons beaucoup et nous sommes tristes, car aucun de nous deux ne voulait en arriver là.

En fin de journée, Thibault nous rejoint, Maylone et moi, pour une promenade. Ça faisait longtemps qu'il n'avait pas passé du temps avec moi, et je sens que depuis que j'ai pris cette décision, il est bizarre. Il me demande si ça va, mais je lui dis à nouveau que je ne me sens pas capable d'assumer ce rôle seule, que j'ai besoin d'une famille avec un papa et une maman qui soient présents pour mon enfant. Même si je me sens égoïste de priver Maylone d'un petit frère ou d'une petite sœur.

En larmes, je lui confie que ce qui va me faire le plus mal sera de voir Stéphanie avec son bébé, car nos grossesses n'ont que deux semaines d'écart. Chaque fois que je verrai son enfant, je ne pourrai pas m'empêcher de penser à celui que j'aurais dû avoir. Et si jamais je vois Maylone proche de son bébé, ce sera encore pire ! Thibault me dit avoir pensé exactement aux mêmes choses. Je crains également d'être traumatisée, car on ne parle plus d'un bébé de la taille d'un grain de riz. À ce moment-là, j'en serai à quatorze semaines…

Mon cerveau est en ébullition, je change d'avis sans arrêt. Je voudrais simplement que tout s'arrête, qu'on me souffle quoi faire.

Stéphane et Magali arrivent à la maison le soir. Ils sont au courant de tout. Magali parle longtemps, et je l'écoute attentivement. Elle me dit que cela arrive dans tous les couples d'être en colère, qu'il faut prendre du recul et ne pas prendre de décision sur un coup de tête. Selon elle, il faut tout essayer pour sauver notre couple, même une thérapie. Je sais qu'elle a raison, mais Thibault reste fermé.

J'explique à Thibault que si nous allons au bout de cette idée, il n'y aura plus de retour possible. Jamais je ne lui pardonnerai, et je ne reviendrai pas vers lui, même si lui revient vers moi. Je lui dis aussi que je suis prête à faire tout ce qu'il faut pour arranger les choses, y compris une thérapie.

Il pleure et me reproche de lui dire tout ce qu'il voulait entendre seulement maintenant, alors qu'il est trop tard. Il avait besoin de moi, mais je n'ai pas su lui rendre ce qu'il me donnait, selon lui, et maintenant, il veut une autre vie, être célibataire, ne plus avoir mal. Mais tout en disant ça, il me semble complètement perdu. Comme moi, il ne sait plus ce qu'il doit faire.

Je lui dis que la vie, ce n'est pas ça, ce n'est pas être célibataire, sortir faire la fête et rentrer seul chez soi le soir ! La vie, c'est partager, évoluer et grandir avec sa moitié et sa famille à ses côtés, c'est surmonter les épreuves ensemble ! « Et quand tu seras vieux et seul, à qui tu raconteras tous les souvenirs de ta vie ? »

Quoi qu'il décide, j'accepterai sa décision, mais moi, je sais ce que je veux : avoir une famille soudée, vieillir avec mon mari, voir mes enfants grandir, et plus tard, avoir mes petits-enfants auprès de moi. Je veux faire comme nos parents respectifs, qui ne se sont jamais séparés et qui sont des modèles pour nous.

Il pleure et fond en larmes ! Il veut comprendre pourquoi je lui dis tout ça. Je lui réponds simplement que moi, je suis prête à tout pour notre famille, et que c'est donc à lui de prendre la décision finale. On s'endort très tôt, dans les bras l'un de l'autre.

Le lendemain, Thibault m'annonce qu'il veut donner une dernière chance à notre couple. Je n'attendais que ça. Je suis tellement heureuse, je lui promets de tout faire pour que notre relation fonctionne. Je sais que j'ai eu tort sur certaines choses, notamment depuis la naissance de Maylone. Avec tous ses problèmes de santé, c'est vrai que je ne regardais plus Thibault, il n'y en avait que pour mon fils.

Que vous le croyiez ou non, je pense que l'électrochoc qu'a provoqué Thibault était peut-être nécessaire. C'était dur et intense, mais j'ai pris conscience de beaucoup de choses. Nous parlons à cœur ouvert, calmement, de ce qui nous pose problème chez l'autre. Cette fois, il n'est plus bloqué, et d'un coup la discussion devient constructive. Je comprends que je l'aime tellement que je ferai tout ce qui est en mon pouvoir pour le garder toute ma vie à mes côtés.

# RECOLLER LES MORCEAUX

Pendant ce temps, j'ai bien évidemment délaissé les réseaux sociaux, car quand on ne va pas bien, il est très difficile de le cacher, les gens le devinent tout de suite. On ne peut pas tout dire, bien sûr, et quand ça ne va pas mais qu'il faut pourtant continuer à travailler, on a juste envie de disparaître.

Le 30 mars 2021, j'ai rendez-vous avec ma gynécologue. Alors que je ne lui ai pas parlé de nos difficultés, elle me recommande un psychothérapeute ! Elle pense qu'avec tout ce que j'ai vécu, je devrais parler à quelqu'un. Je lui confie que Thibault et moi avons justement décidé d'aller parler à un psy.

Je ne pensais sincèrement pas avoir besoin d'une thérapie. Les problèmes de santé de Maylone étant enfin derrière nous, j'étais persuadée que tout allait bien. Mais la réalité, c'est que cette expérience m'a changée et que je suis différente maintenant.

À l'échographie, tout va bien. Le bébé est là, il bouge partout et je suis vraiment heureuse de savoir que nous allons le garder.

Le lendemain, Thibault sort pour la première fois seul avec Maylone. Durant l'une de nos longues discussions, je lui ai reproché de toujours sortir seul et de ne jamais emmener son fils. Il m'a avoué que lorsque je n'étais pas là, il avait trop peur qu'il arrive quelque chose à Maylone. Je le comprends et je sais que lui aussi a beaucoup souffert de cette situation, mais il sait que j'ai raison. Alors, malgré le stress et comme c'est un super papa, il le fait.

Pour le rassurer, je lui propose de ne sortir qu'après le goûter, comme ça Maylone aura déjà mangé, et il y aura moins de risque qu'il s'étouffe. Pendant cette sortie, Thibault m'envoie des photos : il me dit qu'il se régale et qu'il le fera plus souvent. Je suis tellement heureuse !

Maylone a 17 mois, et enfin, la peur s'estompe chez son papa.

# LE CERCLAGE

Le 3 avril, je me réveille à 5 h 45. J'ai très mal dormi, car je me fais opérer aujourd'hui pour la pose de mon cerclage.

Ma gynécologue m'accueille et me rassure en me disant que l'intervention n'est pas longue et que tout va bien se passer. C'est court, c'est rapide, c'est efficace, et cette fois, nous ne sommes pas dans la situation d'urgence dans laquelle j'étais pour Maylone, que je pouvais perdre à tout moment. Les aides-soignants viennent me chercher et poussent mon brancard tandis que je regarde le plafond en espérant que cette fois, ce sera différent et plus facile à vivre.

J'arrive au bloc, pas stressée. Vous savez, avec toutes les anesthésies que j'ai subies pour la chirurgie esthétique, le bloc, j'y vais en *moon walk* ! Je n'ai aucune appréhension, aucun stress. J'ai juste hâte que ce soit fini pour être enfin tranquille !

Quand je me réveille, je n'arrive pas à émerger. Je suis tellement fatiguée que je n'ai pas la force d'envoyer un message à mon mari et à ma famille et je me rendors aussitôt. À 11 heures, on me réveille parce qu'il faut que je mange quelque chose. Ils m'ont pris la tension plusieurs fois, mais je ne m'en souviens pas, tout est flou. Je me rappelle seulement que ma gynécologue m'a dit avoir vu la cicatrice de mon premier cerclage, et c'est tout. Je ne sais même pas si elle me l'a dit dans la salle de réveil, dans ma chambre, et même si elle me l'a dit tout court !

Thibault arrive dix minutes après mon réveil, et Maylone est avec lui. Je suis trop contente d'avoir ma famille à mes côtés.

Ils montent tous les deux sur mon lit, et j'ai droit à des gâtés et des bisous !

J'explique à mon fils que sa maman a eu une opération pour sauver le bébé, comme pour lui, et qu'elle va se reposer. Je lui demande : « Où est le bébé ? » Il montre mon ventre, et pour la première fois, il dit « bébé ». Thibault et moi, on est trop heureux, ce moment est magique.

Maylone est grand maintenant. Dans quelques jours, il aura 18 mois, et il répète tout ce qu'il peut. Il ne fait pas encore de phrases, mais il dit beaucoup de mots, je suis trop fière de lui.

Alors que Thibault est à l'accueil pour préparer mon bulletin de sortie, je reçois un appel de ma gynécologue. Elle prend de mes nouvelles, puis m'explique que lors de l'opération, elle a constaté que mon col était vraiment mou, comparé à il y a quinze jours où il était dur et ferme. Selon elle, cela signifie que je dois être très vigilante.

À mon retour à la maison, plus de promenades, plus de voiture. Je dois rester allongée durant quinze jours, jusqu'au rendez-vous suivant, pour garantir une meilleure cicatrisation. Je suis dégoûtée, mais si ce n'est que pour quelques jours, ça peut aller.

Elle me dit aussi d'éviter les rapports sexuels jusqu'à la fin de ma grossesse. Je suis choquée : « Pardon ?! » Au début, je pense que c'est une blague, car le cerclage aurait justement dû me permettre, entre autres, d'avoir une activité sexuelle normale. Avec la crise que l'on vient de traverser, ce n'est pas ça qui va arranger les choses, je suis complètement dépitée. J'espère au moins que ça ne m'empêchera pas de rentrer en France.

Je raconte à Thibault ce que m'a dit la gynécologue. Il est bien sûr triste, lui aussi, mais très vite, il me dit que ce n'est pas de ma faute. Sa réaction me rassure, même si cette nouvelle arrive pile au moment où ça commençait à aller mieux. Nous allons tout faire pour ne pas perdre notre bébé. Il décide d'annuler le voyage qu'il avait prévu, car il se sent obligé de rester avec moi, encore une fois…

Arrivés à la maison, Thibault s'inquiète : il s'ennuie déjà. Il pense à tort que comme je suis casanière, cette situation est plus facile pour moi. Mais c'est faux, car même si effectivement j'aime être chez moi, en temps normal, je m'occupe, je suis très active. Cela n'a rien à voir avec le fait de rester totalement immobile dans un lit. Je comprends bien sûr que ça soit difficile pour lui, mais ça l'est au moins autant pour moi.

Tout à coup, je sens notre bébé bouger. J'appelle Thibault pour qu'il vienne le sentir à son tour. Pour la première fois, il le sent lui aussi, et il est très content. Je suis heureuse de partager cet instant avec lui, et comme ce jour coïncide avec celui de mon cerclage, je vois ça comme un signe : mon bébé va s'accrocher.

# UN SOUVENIR TRISTE

Le 7 avril 2021, je suis à quinze semaines pile. Je suis contente, car la grossesse avance bien.

Mais ce sont aussi les 18 mois de mon fils, et je ne peux pas m'empêcher de penser que c'est justement l'âge où mon frère est décédé.

Je n'arrive pas à imaginer à quel point ça a dû être dur pour ma mère. Je suis tellement fière d'elle, car elle a réussi à surmonter cette épreuve. J'ai réanimé mon fils lorsqu'il avait 2 mois, puis 3 mois, je l'ai vu mort, et c'est ce que j'ai vécu de plus dur dans ma vie. Si je le perdais maintenant, après tous ces moments passés avec lui et alors qu'il marche et qu'il parle… je ne peux même pas le concevoir.

Et pourtant, c'est ce que mes parents ont vécu. Comme je vous l'ai dit dans mon précédent livre, ils n'en parlent presque jamais, mais maintenant que j'ai ressenti ce que peut faire la perte d'un enfant, j'imagine la blessure qu'ils ont dans le cœur et qui ne guérira jamais vraiment.

## « ELLE ? »

Le 14 avril 2021, je suis à seize semaines, et j'ai rendez-vous avec une gynécologue spécialisée dans la réalisation d'échographies plus précises des reins, du foie, du cerveau. Ma gynécologue habituelle lui a parlé de nos antécédents : les problèmes de col, l'atrésie de l'œsophage non détectée pour Maylone… Elle prend son temps pour examiner chaque organe.

Nous lui disons que nous ne voulons pas connaître le sexe du bébé, et nous lui demandons de l'écrire sur un papier et de le mettre dans une enveloppe. Au moment où nous pourrions voir le sexe, elle nous prévient, et nous tournons la tête. C'est bizarre de se dire qu'elle le sait et nous non, mais nous voulons rester forts.

Puis d'un coup, elle nous annonce : « Très beau col. » Je suis surprise : « Comment ça, beau ? » Je suis à quatre centimètres, donc c'est parfait. Je ne comprends pas comment c'est possible. Elle me dit qu'un col ne repousse pas, mais qu'il peut se consolider avec le cerclage. Je suis encore sous le choc. On se regarde avec Thibault, je suis tellement heureuse : pour la première fois, on a l'impression d'avoir enfin des bonnes nouvelles. J'aime cette gynécologue : c'est la première fois qu'on me dit que mon col va bien et qu'en plus, il est beau ! Avec mon bébé en bonne santé en plus, je ne pouvais pas rêver mieux. Je ne peux pas vous décrire mon bonheur à ce moment-là !

L'enveloppe avec le sexe de notre bébé en poche, j'envoie une photo de l'échographie aux Papys, mamies, tontons et tatas sur le groupe WhatsApp. Toute la famille est trop contente. Ils veulent savoir si nous pouvons quand même venir en France les voir, et je leur dis que, pour l'instant, oui.

Thibault me taquine, il a trop envie de savoir ce qu'il y a dans l'enveloppe. Mais je lui réponds que c'est bête, il ne faut pas gâcher la surprise. Je rêve tellement d'une belle *gender reveal party* en famille, car je n'ai pas pu en avoir une pour ma première grossesse. Donc on gardera cette enveloppe fermée jusqu'au 8 mai, et on fera la fête avec tous nos proches.

Le 18 avril, j'ai rendez-vous avec ma gynécologue habituelle. Elle sait que nous ne voulons pas connaître le sexe du bébé, et par précaution, nous le lui disons encore une fois. Pendant l'examen, elle nous dit : « Elle bouge beaucoup. » « Elle » ?! Après ça, elle dit « le bébé », donc je ne sais pas si elle a gaffé, si elle s'est laissée influencer par Thibault qui n'arrête pas de dire « elle », ou encore si elle sait que nous aimerions vraiment que ce soit une fille. J'ai des doutes, je ne sais plus.

Comme tout va pour le mieux avec Thibault en ce moment, que mon Maylone est trop mignon, qu'il dit « bébé » quand il touche mon ventre et que ma grossesse se passe mieux, je suis très heureuse.

Mes amies avaient donc raison. Quand on traverse une crise dans le couple, il ne faut pas prendre de décision trop brusque. Il y a des hauts et des bas, et c'est comme ça pour tout le monde. Alors, la patience ne fait pas de mal. Sauf en cas de violences, bien sûr, mais ça, je vous en ai déjà parlé dans mon premier livre…

# UNE PETITE INTERVENTION POUR MAYLONE

Je suis contente, car mon fils se fait circoncire : il a une petite malformation de la peau au bout de son pénis. On ne l'avait pas fait plus tôt à cause de tous les problèmes qu'il a eu dès la naissance et on ne voulait pas attendre trop non plus. Là, c'était le bon moment.

Je ne sais pas trop pourquoi je l'ai dit sur les réseaux sociaux, je voulais avant tout partager ça avec les mamans qui me suivent. Je n'ai pas parlé de sa malformation, j'ai simplement évoqué ce choix et expliqué qu'on trouvait ça plus hygiénique. Mais évidemment, comme souvent sur les réseaux, ça a tourné au vinaigre.

J'aime partager ma vie au quotidien, mais généralement, je suis jugée et même parfois insultée quand il s'agit de l'éducation de mes enfants. Heureusement, beaucoup de personnes me disent aussi que j'ai raison et que je fais ce que je veux.

Le 22 avril 2021, il est 6 heures du matin, et je réveille Maylone pour nous rendre à l'hôpital. Il est gentil, en forme et agréable. Thibault et moi l'accompagnons, et je ne suis pas trop stressée, car c'est une petite intervention. À force, j'ai l'habitude des blocs opératoires, mais j'ai peur qu'il souffre. On m'a dit que c'était douloureux durant deux à trois jours. Maylone prend un cachet pour qu'il se détende, il est un peu fatigué.

Il rigole avec nous. Je lui explique ce qu'il va se passer, et je ne suis pas certaine qu'il comprenne car sinon, il ne rirait pas. Une infirmière vient le prendre en charge devant la porte du bloc opératoire, nous ne pouvons pas entrer. Il nous regarde tout détendu, il est tranquille et pas stressé, il ne pleure pas et ne nous dit même pas au revoir.

Pendant l'intervention, on décide d'aller chercher à manger à la pompe à essence à côté de l'hôpital. On s'installe sur la pelouse, et on improvise un pique-nique en amoureux. Ça fait du bien de passer un moment ensemble, mais on ne traîne pas non plus.

L'opération est très courte : elle ne dure que vingt minutes, et le réveil une heure environ. Maylone se réveille mal. Il est fatigué, et il pleure, mais il se rendort vite, à cause de l'anesthésie.

Le soir venu, je le couche dans son lit, mais tout à coup à 23 h 30, il se réveille en pleurant. Je monte alors aussitôt pour lui donner le cachet antidouleur, et j'en profite pour le changer.

Quand j'ouvre sa couche, je vois du sang. Je m'inquiète, et je ne comprends pas, car cet après-midi, il ne saignait pas du tout quand je l'ai changé. J'ai beau le nettoyer, du sang s'écoule sous le gland. C'est une zone fragile où la peau est très fine. Je referme sa couche, et j'appelle Audrey, qui répond toujours malgré le décalage horaire.

Nous repartons à l'hôpital et bien que nous soyons tout de suite pris en charge, l'attente est longue. Il y a plusieurs étapes pour arrêter les saignements : ils font d'abord un garrot autour du zizi de Maylone, et on attend de voir si ça s'arrête au bout de vingt minutes. Finalement, les saignements s'estompent, et nous pouvons tous rentrer nous coucher.

Les jours suivants, je décide de ne pas mettre Maylone à la crèche pour qu'il reste avec nous. Je suis contente, car il semble ne pas avoir mal, il ne se plaint pas, même lorsque je lui change sa couche et que je dois lui appliquer de la crème. Il dort bien, donc tout va bien de ce côté-là.

Le 26 avril 2021 au matin, Maylone est au lit avec moi. Je lui dis : « Fais un bisou à maman. » Incroyable, il me fait son premier bisou. Depuis le temps que j'attendais ça ! Il me fait enfin un vrai bisou, et il ne s'arrête plus, j'ai même droit à dix bisous. Je suis trop heureuse ! Comme quoi il faut laisser les enfants grandir à leur rythme.

# ON SE PRÉPARE À RENTRER EN FRANCE

Pour cette grossesse, j'ai plein d'envies ! Pour Maylone, je n'en avais pas beaucoup : j'avais plutôt envie de salé, et c'est vrai, une passion pour les endives. Il fallait que j'en mange tous les jours. Mais cette fois-ci, c'est terrible : crêpes au Nutella, burgers, salade verte, et même les pommes. Je n'aimais pas spécialement ce fruit, mais là, j'en mange tous les jours ! J'ai envie de sucré. Il faut que je termine tous mes repas par un chocolat, alors que dans ma vie de tous les jours, je ne mange pas de sucre.

Le 28 avril, j'ai à nouveau rendez-vous avec Soraya pour vérifier encore tous les organes du bébé : le cerveau, le cœur, la colonne vertébrale, etc. Très vite, je comprends que j'ai perdu quatre millimètres, mais elle me dit que ce n'est rien et que mon col est très bien. En revanche, elle m'explique qu'en France, il va falloir dire au médecin/gynécologue de surveiller mon placenta, par précaution.

Notre attention se reporte sur le bébé : Thibault dit qu'elle est belle, qu'elle a de jolies mains, un beau profil… Ses propos amusent Soraya : « C'est marrant qu'il dise "elle". » Sauf que pendant l'examen, Soraya aussi parle du bébé en disant « elle » ! À nouveau, je ne sais plus ce que je dois penser, si elle est influencée par Thibault ou non.

Comme tout va bien, je vais voir ma gynécologue habituelle, celle qui m'a accouchée pour Maylone. Dès qu'elle aperçoit Maylone, elle le prend dans ses bras, et c'est émouvant de le voir si grand avec elle. Même si elle a parfois été maladroite, je dois reconnaître qu'elle m'a aussi bien accompagnée dans les moments difficiles. Au début, elle ne voulait pas spécialement me faire une échographie puisque j'en avais déjà fait dans la journée, mais je lui demande quand même d'en faire une pour que Maylone puisse voir son petit frère ou sa petite sœur. « Oui, bien sûr, pas de souci ! »

Une fois dans la salle d'examen, Maylone se met debout sur le marchepied à mes côtés. Il est émerveillé par l'écran et par la machine sur mon ventre. Je lui explique qu'il y a le bébé dans le ventre de maman, on entend le bruit de son cœur. Je suis tellement fière de le voir aussi intéressé par ce qu'il découvre. C'est un moment magique que je vis en famille à trois personnes et demie.

Plus tard, le pédiatre vaccine Maylone contre la rubéole pour qu'il soit à jour. Il est super gentil et sage, je peux vraiment l'emmener partout, car il écoute tout. Nous passons devant un aquarium, alors je lui apprends le mot *fish* (poisson, en français), et au bout de seulement deux fois, il le répète. Mon fils est un vrai perroquet.

On rentre à la maison, et Thibault emmène les chiens faire leurs vaccins eux aussi. Ils vont rester à Dubaï, mais il faut s'occuper de toute la famille avant notre départ.

Je me décide à faire les valises : je suis enfin sûre de pouvoir partir.

# RETOUR EN FRANCE

1er mai, direction l'aéroport : c'est le départ pour la France. J'ai hâte de revoir toute la famille, ça va être génial. Je suis tellement excitée que j'ai oublié la poussette de Maylone ! Mais ce n'est pas grave, j'en ai une en France, et en attendant, Thibault le pose sur sa valise, qu'il fait rouler. Finalement, ça l'amuse bien plus que la poussette.

Lorsqu'on s'installe dans l'avion, Maylone gigote un peu, mais il est sage. J'ai prévu pour lui des petits jeux, des cartes avec des animaux et des formes. Il essaye de répéter les mots après moi, ça permet de faire passer le temps. Je suis tellement fière : à 19 mois, il parle beaucoup et s'exprime très bien.

Il finit par s'endormir dans mes bras. Thibault s'est endormi aussi, mais ce n'est pas grave, puisque j'ai la chance de voyager en business et que je peux m'allonger. Même si j'ai ce privilège, je sais qu'après cette journée de voyage, je vais forcément avoir des contractions. J'en ai trois ou quatre tous les jours, et ce n'est pas agréable. Ce ne sont pas les vraies, ce sont des contractions de Braxton-Hicks qui sont fréquentes pendant les deuxième et troisième trimestres. On me demande souvent comment on peut reconnaître les vraies, mais je peux vous jurer que vous les reconnaîtrez, parole de maman !

Comme on aurait dû attendre pendant cinq heures à Roissy avec le vol normal et que ce n'était pas idéal pour moi, j'ai décidé de réaliser un de mes plus grands rêves : prendre un jet privé, rien que pour nous trois, pour faire la liaison Paris-Marseille. Je sais que j'ai énormément de chance de pouvoir me le permettre financièrement. Immédiatement après notre atterrissage à Paris, on se retrouve dans le jet privé, direction : la maison. Le vol est génial, on est seuls dans l'avion, quel kiff, quel rêve ! Maylone est debout au milieu de l'avion, il fait sa vie. Il peut jouer et faire du bruit sans que cela dérange d'autres passagers.

Nous atterrissons, et une voiture nous amène jusque chez nous, où nos parents nous attendent. Ils habitent avec nous lorsque nous sommes en France, car nous avons vraiment besoin de leur aide, notamment parce que je ne peux pas porter Maylone. Thibault fait déjà tellement de choses : lui aussi a besoin d'être un peu aidé, et c'est mieux pour notre couple.

Lorsqu'on arrive à la maison, Maylone reconnaît un peu mes parents parce que nous les appelons régulièrement en FaceTime, mais il est un peu timide, alors il lui faut quelques minutes d'adaptation. Il voit ses nouveaux jouets, enfin ses jouets restés en France, mais comme ça fait longtemps qu'il ne les a pas vus, pour lui, ce sont de nouveaux jouets ! Je commence à jouer avec lui, et j'intègre mon père au jeu.

Petit à petit, Maylone commence à jouer avec son Papy. Ça se passe très bien. Papy et mamie sont choqués parce que Maylone est hyper doué avec tous les jeux de logique, il réussit tout du premier coup. Je m'éclipse pour ranger les valises et laisser Maylone s'adapter à son nouvel environnement.

Le lendemain, toute la famille de Thibault arrive : mamie et Papy Garcia, tonton et tata Garcia. Je suis contente de retrouver tout le monde, c'est vraiment super, d'autant plus que nos familles respectives s'entendent très bien. Les mamies préparent le repas pendant que je me repose. J'ai beaucoup de fausses contractions, ça ne s'arrête pas, mais c'est normal, car j'ai voyagé la veille toute la journée, donc je le paye aujourd'hui. Mais le fait d'avoir nos familles avec nous me soulage énormément.

# LA *GENDER REVEAL PARTY*

Dans la nuit du 7 au 8 mai, je ne parviens pas à dormir, car je suis trop excitée : demain, nous allons découvrir le sexe de notre bébé. J'ai tellement hâte, et dans ma tête, sans bien savoir pourquoi, je commence à chercher des prénoms de fille. Depuis toujours, j'imagine un prénom qui commencerait par Lee… Je réfléchis et note mes idées au fur et à mesure qu'elles viennent pour ne pas les oublier : Leenone, Leewane, Leeyah, Leeya, Leea, Leeway, Leejoy…

Le 8 mai, je réveille toute la maison en criant : « C'est la fête, c'est la fête, on va savoir le sexe ! » Je raconte à Thibault que j'ai passé la nuit à chercher des prénoms. Cela le fait rire, et il me demande de les lui montrer. Tout de suite, il adore : Leeyah, Leeya… Bon, il me fait remarquer que si c'est un garçon, l'appeler ainsi sera compliqué !

Je suis à la fois stressée et impatiente de vivre notre *gender reveal party*. Même si nous avons une petite préférence pour une fille, nous serons heureux dans les deux cas. L'organisatrice qui, elle, connaît le sexe du bébé, arrive, et tout se met en place progressivement : la décoration, les cakes et même les artificiers. Les invités arrivent à leur tour, et les pronostics vont bon train. Chacun vote : fille ou garçon ? C'est très serré ! La tension monte, il est bientôt l'heure, donc on se met en place, Maylone, Thibault et moi, avec nos invités face à nous. Nous avons décidé de laisser à Maylone le rôle d'appuyer sur le bouton rouge qui fera sortir du canon soit la couleur bleue, soit la couleur rose… Tout se joue maintenant.

La petite main de Maylone presse le bouton et là, d'un coup, ça pète : on se retourne, et on voit du rose partout. C'est une explosion de joie, on hurle et on saute : c'est une petite fille ! Notre rêve d'avoir une famille de quatre avec deux garçons et deux filles se réalise ! Les larmes coulent toutes seules, je suis si heureuse. Thibault lui aussi nage en plein bonheur, lui qui voulait tellement une petite fille. C'est grâce à lui que je me suis lancée dans cette grossesse, car j'avais peur de revivre les mêmes galères que pour la première. Finalement, tout est différent, et ma fille va bien. Nos familles aussi pleurent, notamment la mère de Thibault qui, après avoir eu deux garçons, rêvait d'une petite fille.

# LE PLACENTA

Le 12 mai, à vingt semaines de grossesse, j'ai rendez-vous chez mon gynécologue Élie, à Aix-en-Provence. En fait, je vois deux gynécologues : Élie est celui qui se trouve près de chez moi dans le Sud. Élie est mon ami depuis que je suis petite, et c'est lui que j'appelle lorsque j'ai besoin de poser des questions. Même s'il n'a pas pu me suivre pour ma première grossesse parce que j'étais à Dubaï, il a quand même été présent pour moi, et heureusement qu'il était là, d'ailleurs.

Élie me confirme que tout va bien, mais comme la gynécoloque à Dubaï, il m'explique qu'il va falloir surveiller le placenta. Comme c'est la deuxième fois que j'entends ça, je m'inquiète. Il me dit que si le placenta reste collé en bas et s'il ne remonte pas, je ne pourrai pas accoucher par voie basse. Il faudra faire une césarienne.

Je suis dégoûtée, car pour Maylone, accoucher par voie basse m'a permis de vivre un moment magique. Il me dit de ne pas m'inquiéter, que l'on va surveiller, et qu'il y a des chances que ça remonte. En tout cas, comme ma grossesse se déroule bien, il me confirme que je peux partir une semaine en vacances. Je dois rejoindre Stéphanie, Théo, Maddy, Benji à Mykonos… Je suis tellement heureuse, si vous saviez !

Il y a deux ans, le 12 juin 2019, j'étais enceinte de Maylone, et je ne faisais que pleurer. C'est le jour où ma grossesse s'est transformée en cauchemar, avec le risque permanent de perdre mon fils. Cerclage en urgence, puis quatre mois à rester allongée. C'était si dur… Je suis passée par toutes les émotions : peur, angoisse, tristesse, mais aussi la joie de porter la vie. Beaucoup de souffrances, mais j'ai quand même recommencé.

Je la voulais vraiment, ma famille de quatre, et on m'a tellement répété que toutes les grossesses sont différentes… Alors, aujourd'hui, je peux vous le dire : oui, c'est vrai, elles sont différentes. Celle-ci n'a rien à voir avec la précédente, et même si je suis cerclée et surveillée de près, je suis fière d'être aujourd'hui à vingt semaines, debout sur mes jambes.

Quelques jours plus tard, je me réveille dans la nuit, et je décide de regarder un peu sur Google ce que signifie « le placenta collé au col ». Là, je comprends que si le placenta ne remonte pas entre vingt et trente-cinq semaines, c'est la césarienne assurée. Je ne peux pas m'empêcher de me dire qu'il y a toujours un petit quelque chose qui cloche avec mes grossesses, mais je tente de me rassurer en me persuadant que ce placenta finira par remonter, il faut positiver. J'en profite pour regarder également à quoi ressemble une cicatrice de césarienne.

# UN NOUVEAU CAUCHEMAR

Le 16 mai 2021, vers 1 h 15 du matin, je me réveille en sursaut : je sens que je perds les eaux.

Je reconnais cette sensation, car je l'ai vécue pour Maylone. En revanche, là, il est beaucoup trop tôt ! Je réveille Thibault, et je lui dis ce qu'il m'arrive. « Quoi, maintenant ?! Mais non, ce n'est pas possible ! »

J'allume la lumière, et là, je vois du sang partout, sur mon pyjama et sur le matelas. Thibault se met à paniquer, j'essaye de le rassurer. Même si j'essaye de garder mon sang-froid, moi aussi, j'ai peur. Je lui dis que si on doit perdre le bébé, c'est que c'est la vie, c'est comme ça. Mais il refuse de l'accepter, il la veut, notre fille.

Je me rends dans la salle de bains, et alors que je fais pipi, je sens un truc tomber dans les toilettes. Choquée, je le dis tout de suite à Thibault, qui me demande ce que c'est. Spontanément, je lui réponds que c'est le bébé, mais c'est impossible : le bébé mesure à peu près 25 centimètres et pèse 332 grammes à ce moment-là, ça ne peut pas être lui. Peut-être le placenta ? Je ne sais plus et lorsque je me lève, je ne vois que du sang noir dans les toilettes. Thibault décide de plonger sa main dedans, mais rien. Je prends mon courage à deux mains, et je cherche à mon tour, mais toujours rien. Je ne saurai jamais pourquoi j'ai eu cette sensation si nette de perdre quelque chose à ce moment-là.

On se prépare en vitesse : il faut qu'on aille à l'hôpital, mais lequel ? En France, nous ne savons pas où aller. J'essaye de joindre Élie, mais il ne répond pas. Alors, j'appelle Sophie, une personne de confiance super qui s'occupe de notre maison. Heureusement, je parviens à la joindre. Je lui explique la situation, et elle décide aussitôt de prévenir son mari, qui est pompier et justement de permanence à la caserne ce soir. Très vite, ils sont en route, et Sophie me rejoint également.

En attendant, je reste allongée pendant que Thibault fume cigarette sur cigarette. Il a arrêté depuis longtemps, mais là, il en a besoin. J'essaye de le rassurer en lui disant que je sens la petite bouger dans mon ventre et que c'est forcément bon signe.

Très vite, la maison est en ébullition. Mes parents, ceux de Thibault, lui et moi sommes en panique et seul Maylone continue à dormir. Cela me soulage, car comme ça, il n'a conscience de rien, et demain, il pourra rester avec ses grands-parents. Sophie me prépare un sac avec ce qu'il faut pour aller à l'hôpital. Les pompiers, dont Fabrice que je connais bien, me prennent la tension. Je suis gelée, je tremble, j'enfile un pull. Ils me mettent sur le brancard : direction l'hôpital de Toulon. Je blague avec les pompiers, j'essaye de penser à autre chose, pendant que Thibault nous suit avec la voiture.

Alors que je suis à deux doigts de perdre mon bébé, je rassure Thibault. En fait, je rassure tout le monde, même les pompiers. Un jour, Fabrice m'a dit : « Cette nuit-là, tu as gardé ton sang-froid, tu nous disais que ce n'était pas grave. » Pour Leewane, j'ai su être forte.

On arrive à l'hôpital, et je mets ma capuche et mon masque pour qu'on ne me reconnaisse pas. Thibault fait la même chose. D'un côté, c'est bien que cela soit arrivé en France car, pour la communication, ce sera plus simple, mais d'un autre côté, à tout moment, je risque de voir ma vie étalée sur les réseaux à cause de ma notoriété… Et je n'ai vraiment pas besoin de ça maintenant.

Je suis immédiatement prise en charge, ils me mettent en salle d'observation. On me fait clairement comprendre que ma situation est très complexe et que ce qu'il se passe arrive trop tôt dans la grossesse.

À ce stade, notre fille n'est même pas viable.

Je commence à réaliser ce qu'il est en train de se passer et je me mets à pleurer. Thibault est là, à mes côtés, et il me rassure. Il me fait un bisou, et sa main reste dans la mienne. Les résultats tombent : c'est bien la poche des eaux qui est fissurée et le liquide amniotique qui s'en échappe. Alors, il faut vérifier s'il reste assez de liquide amniotique pour le bébé et qu'il n'y a pas d'infection, car cela pourrait avoir des conséquences néfastes pour le bébé mais aussi pour moi.

Je demande si je vais pouvoir rentrer à la maison, car mon fils m'y attend, mais la médecin n'en sait rien. J'ai peur d'être bloquée plusieurs semaines à l'hôpital tout en sachant que les visites sont interdites, notamment pour les enfants, à cause du Covid. Ne pas voir mon fils me serait insupportable. Je pleure à nouveau, je suis perdue. Mais qu'est-ce qu'on a fait au bon Dieu pour mériter ça ? Je ne comprends pas pourquoi nous : pourquoi autant de galères ? Pourquoi le sort s'acharne-t-il comme ça ? Je suis à bout psychologiquement et physiquement.

Thibault me dit qu'il va devoir tout annuler : notre semaine de vacances à Mykonos avec nos amis, notre week-end à Monaco, mais aussi la surprise qu'il avait prévue pour nos quatre ans de mariage, le 25 mai. Je suis tellement contente qu'il ait pensé à nos quatre ans, et en même temps si triste qu'on ne puisse pas les fêter… Il m'explique ce qu'il avait prévu : un jet privé direction la Suisse, puis un deuxième à 17 heures direction Venise pour deux jours en amoureux. Le fait qu'il ait pris le temps d'organiser ça me touche énormément, mais à cet instant, nous savons que le plus important, c'est la survie de notre fille. Le reste, ce sera pour plus tard.

Une dame vient me faire une échographie : elle regarde ma fille, et me dit que tout va bien. Du liquide amniotique est passé dans le col, mais il est toujours bien et il n'a pas bougé depuis le 12 mai : il est toujours à quarante-quatre millimètres. Elle me dit aussi qu'il y a assez de liquide amniotique pour ma fille, ce qui est une bonne nouvelle. Ils me gardent et me surveillent en attendant les résultats des autres examens.

Je téléphone à Audrey, qui est au Canada : avec le décalage horaire, c'est donc l'après-midi. Comme d'habitude, elle est là pour moi, et me demande ce qu'il se passe. Je le lui raconte, et elle me conseille de faire confiance à ma bonne étoile, comme pour Maylone. On est plus forts que ça, on est plus forts que tout. Ses paroles me rassurent énormément.

7 h 45, tout le personnel soignant débarque dans ma chambre : d'abord la sage-femme, puis tous les autres, un vrai défilé… Impossible de me reposer. De toute façon, je n'arrive pas à dormir. Heureusement que les Papys et mamies sont à la maison : je leur fais totalement confiance pour s'occuper de Maylone. Je reçois plein de messages de bon matin de mes parents, mes beaux-parents, Sophie, Élie, ma gynécologue de Dubaï…

Ma mère m'envoie une photo de Maylone en train de prendre le petit-déjeuner, et là, je craque. Je fonds en larmes, c'est vraiment trop dur. J'étais si heureuse il y a quelques jours, et là, d'un coup, je suis totalement déprimée. C'est affreux, je suis au bout de ma vie.

À son réveil, Thibault me console. On décide d'appeler Maylone en FaceTime : il est entouré de tous ses grands-parents, et je crois qu'il ne comprend pas trop pourquoi nous ne sommes pas avec lui.

La gynécologue de l'hôpital vient me voir et m'explique les étapes suivantes. Tout d'abord, je vais rester jusqu'à une semaine en observation. Ils feront un test mercredi pour voir si le liquide amniotique continue de couler. Ils surveilleront la douleur, les saignements et les contractions.

Le personnel de l'hôpital est hyper gentil. Je suis sûre qu'ils nous ont reconnus, mais ils font mine de rien, restent professionnels et super agréables. C'est génial, car j'avais cette angoisse de devoir être hospitalisée en France, que tout le monde chuchote dans les couloirs, ou que le personnel rentre toutes les deux secondes dans ma chambre. C'était le cas lorsque je me suis fait poser mes implants mammaires. C'était un cauchemar : à peine sortie du bloc opératoire, on me faisait signer des autographes, et c'était un vrai défilé dans ma chambre… Ce séjour m'a réconciliée avec les hôpitaux français.

Thibault nous commande à manger. Il descend récupérer la commande, et un mec lui demande si ça va. Thibault lui répond que non, et que de toute évidence si on est là, c'est que ça ne va pas trop. Le mec répond : « OK, mais on peut quand même prendre une photo ? » Thibault s'énerve : non, il n'y aura pas de photo. Il est à l'hôpital, il va peut-être perdre sa fille, et tout ce qui intéresse ce type, c'est de prendre une photo ?

Le 17 mai 2021, les gynécologues viennent me voir, et je leur explique que j'ai encore saigné le matin même. Ils m'auscultent et me demandent : « Vous comprenez ce qu'il se passe ? » Oui, j'ai compris que ma fille peut mourir d'une minute à l'autre, mais je reste tellement calme qu'ils ont l'air de penser que je n'ai pas saisi la gravité de la situation. Ils vont surveiller les saignements, le cerclage aussi, et voir s'il ne va pas falloir l'enlever.

Il ne faut surtout pas d'infection. S'il m'arrive quelque chose aujourd'hui, je perds ma fille.

Du coup, non seulement je vais devoir rester plus longtemps à l'hôpital, mais en plus, je ne pourrai pas voir Maylone car il n'a pas le droit de me rendre visite à cause du Covid, et je n'ai pas le droit de descendre le voir devant l'hôpital car je dois rester allongée pour éviter toute complication.

Je m'effondre en sanglots : je ne peux pas voir mon fils, je n'ai pas droit aux visites, et le temps me paraît interminable. Heureusement que Thibault est là.

Quelques minutes plus tard, je me reprends : « Stop ! Arrête de pleurer, tu es plus forte que ça, tu vas y arriver ! » J'ai réussi à sauver mon fils, alors je vais réussir à sauver ma fille. Je vais me reposer et lui parler, à ma fille, lui expliquer ce qui nous arrive, et ensemble, nous allons nous battre et aller le plus loin possible. Ils disent de viser vingt-quatre semaines d'aménorrhée dans un premier temps ; eh bien, moi, je décide de viser vingt-sept.

Thibault est dans le même état d'esprit que moi. On est tellement positifs à ce moment-là qu'on parvient à se convaincre intérieurement que ce n'est pas si grave.

Une psychologue vient me voir et me demande comment je vis cette situation. Je lui explique qu'évidemment, je suis un peu triste ; avoir deux grossesses difficiles n'est pas évident. Mais je suis restée allongée quatre mois pour mon fils, alors je vais simplement devoir faire pareil pour ma fille. Je préfère garder le sourire plutôt que me morfondre. Ce n'est pas grave, c'est la vie, on peut le faire ! Finalement, le plus douloureux pour moi, c'est cette horrible sensation d'abandonner mon fils pour sauver ma fille. Elle est étonnée par mon discours. Elle trouve ça formidable que j'arrive à positiver, et m'encourage à continuer.

# INTERNET S'INQUIÈTE

Nous n'avons rien posté sur les réseaux sociaux depuis plus de vingt-quatre heures, et internet s'affole. Il faut dire qu'à chaque fois que nous avons disparu des réseaux, c'était à cause de choses graves dans notre vie : mon hospitalisation pour Maylone, ses problèmes de santé, lorsqu'il est mort deux fois… Les gens savent qu'on ne disparaît jamais pour rien, et donc forcément, ils s'inquiètent.

Des blogueurs postent déjà des informations disant que j'aurais des problèmes avec ma grossesse et que je me trouverais à l'hôpital… Mais aucun détail n'est donné, ce qui me fait penser que le personnel soignant n'a pas parlé et que les blogueurs font simplement des hypothèses.

Thibault et moi savons que l'on va bientôt devoir s'expliquer, car je vois circuler des rumeurs comme quoi j'aurais fait une fausse couche et perdu ma fille. On décide d'attendre un peu, même si je déteste voir ces mensonges partout. Il faut qu'on parvienne à prendre du recul et à se focaliser sur notre famille.

Le 18 mai, cela fait déjà deux jours de silence complet : nous décidons donc de prendre les devants et de l'annoncer sur les réseaux sociaux avant qu'une personne qui ne nous connaît pas se mette à raconter n'importe quoi et que ça parte dans tous les sens. Je sais aussi qu'à chaque problème, mes followers m'ont envoyé des tonnes de messages positifs et ont partagé leurs histoires avec moi. Leur soutien est précieux, ça me donne une force supplémentaire.

Alors, je prends mon téléphone, et je leur raconte tout ce qu'il se passe. En quelques minutes à peine, je reçois près de 10 000 messages de soutien qui me font chaud au cœur. Cela me remonte le moral, et de nombreuses femmes m'expliquent que leur poche des eaux s'était elle aussi fissurée. Les histoires sont toutes différentes les unes des autres, mais il y en a de belles qui se terminent bien. Alors, ça me rassure, et surtout, je me sens moins seule.

# UNE VISITE QUI FAIT CHAUD AU CŒUR

J'appelle Maylone en FaceTime mille fois par jour et je suis soulagée que les choses se soient passées en France. Ses grands-parents l'entourent avec tellement d'amour, c'est un poids en moins, même si mon fils me manque. La situation aurait pu être encore plus difficile si nous étions restés à Dubaï. C'est évidemment bien plus simple pour Thibault également, il peut faire des allers-retours pour dormir avec moi et être à mes côtés.

Je saigne désormais beaucoup moins, et je suis heureuse d'avoir encore gagné des jours. Je prends mon calendrier, et je regarde où tombent vingt-quatre semaines d'aménorrhée : ce sera le 29 juin, donc dans vingt et un jours exactement, alors j'y crois et j'ai de l'espoir !

Aujourd'hui, je dois également faire un prélèvement pour vérifier si la poche des eaux est percée ou non. Je vais enfin sortir de ma chambre, et même si je ne vais qu'à cent mètres dans le couloir, c'est déjà merveilleux. Thibault m'accompagne, il veut tout partager avec moi, j'ai vraiment le meilleur des maris. La sage-femme réalise le prélèvement, et malheureusement, même si ça ne coule plus beaucoup, ce n'est pas terminé.

La sage-femme est adorable. Je lui explique que le plus dur pour moi n'est pas de rester alitée, ni même d'être à l'hôpital, car ça, je l'ai déjà fait ; le plus dur, c'est de ne pas voir mon fils. Elle me dit qu'elle va essayer de le faire venir rapidement dans ma chambre pour qu'il puisse passer un petit moment avec moi. Je suis tellement heureuse quand j'entends ça ! Cela me booste tout de suite le moral ! Et surtout, si je peux le voir régulièrement, cela m'aidera à tenir sur la longueur !

À 17 heures, Maylone arrive. Dans un premier temps, il me regarde un peu bizarrement, avant de dire : « Maman ? » Je lui réponds : « Ouiii. » Alors, il répète avec un grand sourire : « Maman, maman, maman ! » Je suis tellement heureuse ! Il me fait un gâté et reste dans le lit avec moi. Thibault a pensé à tout, et a apporté des petits jouets. Je regarde mon fils et je le couvre de bisous, je lui explique ce qu'il se passe. Et d'un coup, il me dit : « Bébé, bébé ? » Il cherche le bébé. Je lui explique que sa petite sœur va bien, et que sa maman a fait pareil pour lui, que je suis restée à l'hôpital, qu'on s'est battus et qu'on a gagné.

Je ne pourrais jamais remercier assez la sage-femme pour le cadeau qu'elle m'a fait. Je reçois tellement d'amour et de bonheur à ce moment-là que même si la visite ne dure pas longtemps, à peine quarante minutes, ce n'est pas grave, je suis une maman comblée.

# LES HATERS

Le soir, j'ai beaucoup de contractions, et je perds encore un peu de liquide. Le fait d'en parler sur les réseaux me pousse à positiver, et d'ailleurs, beaucoup de personnes me parlent de mon courage et me remercient de garder le sourire tous les jours. Grâce à elles, j'ai l'impression d'être plus forte que jamais.

Certaines personnes me souhaitent quand même du mal. Elles me disent que c'est bien fait pour moi, car j'arnaquerais soi-disant des gens avec les placements de produits. Mais je n'arnaque personne : je partage simplement des codes promotionnels. Quand je lis les messages, j'ai parfois le sentiment que c'est carrément moi qui vide leurs comptes bancaires ! Si les gens ne sont pas intéressés par les produits que je propose, c'est simple, ils n'achètent pas. En plus, c'est vraiment incroyable comme les gens mauvais peuvent créer un lien entre deux choses qui n'ont rien à voir : mes problèmes de santé et les placements de produits !

Il faut savoir que le placement de produits, c'est le cœur de notre métier. Il y a beaucoup de jalousie, des personnes sont dérangées par ça à cause de l'argent généré. Moi, je vous ai expliqué dans mon premier livre comment je choisis les produits que je présente. Ce sont des produits que je choisis d'abord pour leur genre (par exemple, pas de finance, ni d'objets dont je ne me sers jamais ou qui ne me correspondent pas), ensuite pour leurs qualités aussi, car je les essaye toujours.

Il y a aussi des gens qui me disent que j'ai volontairement programmé mon accouchement en France pour ne pas avoir à le payer à Dubaï ! Sérieusement ? Pourquoi je n'aurais pas percé moi-même ma poche des eaux et mis la vie de ma fille en danger pendant qu'ils y sont ? J'aurais clairement préféré accoucher à Dubaï : je voulais que mes enfants naissent au même endroit, préparer la chambre du bébé, suivre les travaux de ma future maison…

J'ajoute que, en tant qu'expatriés, nous ne sommes plus couverts par la sécurité sociale française. Nous avons une assurance privée qui couvre tous les frais médicaux et hospitaliers français. Donc il faut arrêter avec ce mythe qu'on ferait ça pour ne pas payer en France.

Sur les réseaux, il y a 99 % de personnes positives, bienveillantes, adorables, qui me soutiennent, et 1 % de connards. Mais il faut de tout pour faire un monde, alors je relativise, même si parfois, ça me touche et me fait de la peine.

# LES CHOSES S'ARRANGENT

21 mai 2021. Le gynécologue de service vient me voir. Je lui demande pourquoi je perds du liquide, et en particulier le soir. Il s'installe sur le lit de Thibault, qui est absent, et me demande si j'ai bien compris la situation. Je n'en peux plus de ces questions, toujours les mêmes, mais je lui fais quand même un topo complet pour qu'il puisse constater par lui-même que j'ai parfaitement conscience de la situation :

- la poche des eaux est fissurée, donc si je perds trop de liquide amniotique, le bébé ne peut pas se développer ;

- s'il y a une infection, il faudra enlever le bébé ;

- si je fais trop de contractions et si le travail commence, il faudra retirer mon cerclage en urgence, car cela serait un autre risque d'infection ;

- quoi qu'il arrive, avant vingt-quatre semaines d'aménorrhée, mon bébé n'est pas viable, alors s'il se passe un de ces événements, la grossesse sera stoppée, et le bébé devra être retiré ;

- après vingt-quatre semaines d'aménorrhée, ma fille aura plus de chances de viabilité mais il n'y a rien de sûr, beaucoup de complications pouvant survenir si elle survit ;

- ma semaine d'observation a été prolongée.

Il me dit que c'est tout à fait ça. Puis, il m'ausculte et me fait un sourire : tout va bien. Il y a du liquide amniotique en quantité suffisante, et il se régénère bien.

Je suis tellement heureuse d'entendre ça que je me mets à pleurer. Je m'excuse auprès de lui, ce sont des larmes de joie. L'infirmière et la sage-femme qui l'accompagnent me disent de ne pas hésiter à pleurer, car cela fait du bien. Je le trouve très sympa, ce gynéco, du coup ! Avec de bonnes nouvelles comme ça, comment pourrais-je ne pas le trouver sympa ?! Limite, je l'adore, je ne veux plus voir que des personnes ayant de bonnes nouvelles à m'annoncer.

Le soir, j'ai Audrey au téléphone, et on discute, je lui raconte ma journée. Comme elle est infirmière pédiatrique en néonatalité niveau 3, je lui pose plein de questions sur les évolutions possibles de la prématurité. Elle m'explique qu'en général, les bébés prématurés restent toujours en couveuse pendant quelques jours, voire quelques semaines. Là, je comprends qu'une seconde fois, on ne rentrera pas avec notre bébé à la maison, et qu'en plus, je ne pourrai pas m'occuper de Maylone. Je suis totalement perdue. J'en parle à Thibault, qui me fait un câlin et me rassure.

En début d'après-midi, quelqu'un frappe à ma porte. Je dis : « Oui. » La porte s'ouvre, et une personne habillée en tenue d'hôpital me dit qu'elle est du service de restauration et qu'elle est juste passée faire un coucou. C'est très gentil de sa part, mais quand elle me demande une photo, je trouve cela totalement déplacé : ce n'est ni le lieu ni le moment. Je lui réponds gentiment qu'on ne va pas faire une photo alors que je suis sur mon lit d'hôpital, et qu'en plus, je ne peux pas me lever.

Je ne comprends pas comment on peut être aussi insensible devant ma situation. Surtout que si c'est une personne qui me suit sur les réseaux, elle m'a vue pleurer, et elle sait parfaitement à quel point je suis triste. Comment peut-elle oser me demander une photo dans ces conditions ? Je me bats à chaque instant pour ne pas perdre ma fille. Thibault et moi sommes choqués. On se dit qu'on est juste des choses pour eux, comme un Pokémon : il faut juste l'attraper, quelle que soit la situation dans laquelle il se trouve.

# LA CULPABILITÉ D'UNE MAMAN

Maylone vient me voir, car les visites des proches sont autorisées maintenant, c'est génial. Mais il est très bizarre, il fait le timide avec moi. J'essaye de lui parler, de le faire rire. Il s'assoit à côté de moi, et je vois alors ses lèvres se mettre subitement à trembler. Il éclate en sanglots, et ça m'arrache le cœur. Je me sens si impuissante. Pourtant, j'essaye de lui expliquer les choses. Si maman est là, c'est parce que sa petite sœur est dans sa petite maison dans le ventre de maman. Elle est toute petite et toute fragile, et elle a ouvert la fenêtre de la maison. Alors, comme il fait froid, elle peut tomber malade. Pour éviter ça, maman doit rester à l'hôpital un petit peu pour la garder au chaud.

Je choisis des mots simples pour qu'il comprenne, mais je crains qu'il se dise que c'est à cause de sa petite sœur qu'il ne voit plus sa maman. C'est compliqué de savoir ce qui se passe dans sa tête d'enfant. Le voir pleurer me déchire le cœur, même si après quelques minutes, ça va mieux.

On joue aux petites voitures, aux dinosaures, à la boule… On fait l'alphabet, qu'il connaît par cœur, alors qu'il n'a que 19 mois. Je le regarde et je suis si fière de lui : il m'épate, car il me cite toutes les lettres une par une et les place au bon endroit sur son jeu.

Il est trop fort, mon bébé. Quand je le vois, je me dis que j'ai hâte de rentrer à la maison.

Après une heure et demie passée avec moi, il est temps pour Maylone de rentrer à la maison : il range ses jouets dans son petit sac, et je lui dis que dans trois dodos, je serai à la maison. Près de la porte, alors qu'il est dans les bras de son papa, il me jette un regard si triste… De mon côté, je fais bonne figure, et j'essaye de garder le sourire. Il est petit, et il ne comprend pas.

La porte se ferme, et j'éclate en sanglots. C'est insupportable de ne pas pouvoir me lever pour le porter et lui faire un gâté, de ne pas pouvoir partir avec lui. J'ai l'horrible impression de l'abandonner. Au fond, c'était plus facile quand j'étais enceinte de Maylone, car au moins, lorsque j'étais alitée, je ne rendais pas mon fils triste, je ne faisais que le protéger.

Quand je pleure, ma fille me met des grands coups de pied et bouge dans tous les sens. Du coup, je m'arrête de pleurer, et je me reprends : « Oui, oui, je suis là, je me bats pour toi. » Elle me rappelle mon objectif et m'aide aussi à sa manière. Nous sommes déjà liées, et on se soutient toutes les deux dans ces moments difficiles que nous traversons.

Je me dis que la vie est injuste : pourquoi moi, encore une fois ? Mais je me raisonne, ça ne sert à rien de penser comme ça. Il faut sourire, la route est encore longue.

# RETOUR À LA MAISON

Le matin du dimanche 23 mai, les médecins débarquent à trois dans ma chambre. Avec Thibault, on est surpris, on leur demande pourquoi ils arrivent en équipe et s'il y a un souci ? Là, ils nous annoncent une nouvelle inespérée : ils ont discuté, je vais pouvoir rentrer dès aujourd'hui. C'est notamment parce que j'ai parfaitement compris la situation dans laquelle je me trouve. En revanche, au moindre problème, que ça soit trop de contractions ou de la fièvre, je dois revenir à l'hôpital.

Je n'ai pas assez de mots pour exprimer ma joie. Thibault et moi décidons de ne rien dire à notre famille et de débarquer à la maison pour leur faire la surprise. Rentrer chez moi ne veut pas dire que je serai moins vigilante, ça sera simplement bien meilleur pour mon moral !

À 11 heures, nous partons de l'hôpital avec tous les rendez-vous à venir et les instructions en poche… On dit au revoir à tout le monde : le personnel soignant a été si gentil, le souvenir de certaines personnes restera gravé dans ma tête. En quittant l'hôpital, je découvre à nouveau le décor que j'ai traversé en arrivant sur un brancard lors de cette nuit si difficile : les couloirs, les urgences… Je suis restée là-bas une semaine entière, et pourtant, je n'ai connu que ma chambre.

Devant la sortie de l'hôpital, une fille me demande une photo. Je suis dans un état lamentable, mais j'accepte… J'ai vraiment hâte d'être chez moi.

Je m'allonge à l'arrière de la voiture, car j'ai encore peur d'être assise, et c'est parti : nous sommes en route pour la maison, avec un peu de musique. Dans la voiture, je raconte à Thibault que la veille, j'ai fait des dons à plusieurs associations car je suis convaincue que quand on a beaucoup reçu, il faut beaucoup donner.

Une fois à la maison, j'ouvre la porte de la voiture, et j'aperçois Maylone dans le jardin avec mon père, Christian. Mon fils crie : « Maman, maman, maman » et court vers moi. Je l'embrasse de toutes mes forces, devant Papy et mamie complètement stupéfaits de me voir. Je m'installe sur le canapé et, depuis ce qui sera ma place pour les semaines à venir, je regarde Maylone jouer. Régulièrement, il vient me faire des bisous et des câlins, et mon moral n'a rien à voir avec celui de l'hôpital.

Tout le monde mange avec moi dans le salon, et quand je leur dis de ne pas s'embêter et de s'installer confortablement dans la salle à manger, ils refusent. On mange tous ensemble, et ça me touche beaucoup de les voir m'accompagner dans cette étape.

J'organise mes rendez-vous médicaux prescrits par les gynécologues : l'infirmière à la maison pour les prises de sang, les prélèvements et les tests urinaires. J'en profite aussi pour trouver une masseuse-kinésithérapeute, car je vais rester allonger plusieurs semaines, ce qui n'est pas sans conséquences malheureusement, car j'ai des douleurs.

Et voilà, c'est parti pour quelques semaines.

# LETTRE À THIBAULT DU 24 MAI 2021

*Quatre ans d'amour aujourd'hui, quatre ans qu'on partage notre vie et que tu me rends heureuse.*

*Je suis tellement fière quand je regarde notre parcours et tous ces moments incroyables qu'on a vécus ensemble. Tous ces souvenirs partagés et à jamais gravés : notre rencontre, nos moments en famille, notre premier Noël, notre déménagement à Dubaï, nos voyages… Mais aussi notre mariage, ma première grossesse, l'accouchement, Maylone, la vie à trois, et enfin la deuxième grossesse… Je n'ai pas assez de place pour tous les citer.*

*Tellement d'amour et de bonheur, malgré le fait que la vie nous ait parfois mis à rude épreuve. On n'a vraiment pas été épargnés, on a vécu des moments si difficiles durant ces quatre années, et on en vit encore aujourd'hui. Des moments tellement hauts, puis subitement tellement bas, là non plus, je ne pourrai pas tous les citer. Tu m'as accompagnée tout au long de mes grossesses, tu m'as fait à manger tous les jours alors que nous étions seuls et loin de tout à Dubaï. Il y a aussi eu les problèmes de santé de Maylone, et les deux fois où nous avons cru perdre notre fils… Nous avons eu des moments de doutes, nous avons aussi pleuré parfois. Mais malgré tout, on est restés ensemble et soudés. Heureusement que tu m'épaules quand ça ne va pas pour m'éviter de baisser les bras. Tu es un homme si fort, un mari et un père exemplaire.*

*Je t'aime pour la vie,*
*À nos quatre ans.*

*Lettre à Thibault du 24 Mai 2021*

*P. S. : Je sais que ta surprise est gâchée, mais le principal, c'est qu'on soit ensemble dans cette nouvelle épreuve, je sais que ça va aller et qu'on va la surmonter. Dieu est grand. Je suis tellement fière que tu sois mon mari. J'espère qu'on va y arriver encore une fois, et qu'on aura cette petite fille dont on rêve tant.*

# AUCUN RESPECT

Je suis tellement mieux ici plutôt qu'à Dubaï comme la première fois. Le fait que Maylone et ma famille soient là fait que le temps passe bien plus vite. J'ai de la compagnie en permanence, ce qui me fait mieux accepter de ne pas pouvoir sortir me promener avec mon fils.

Le 25 mai, on sonne chez moi alors qu'il est 21 h 30 et que tout le monde est au lit. Je me demande qui ça peut bien être, je n'attends personne. Je regarde alors la caméra, et je vois une fillette d'une dizaine d'années environ, accompagnée de ses parents qui, eux, sont restés dans leur voiture et qui lui disent de sonner. Ce n'est pas possible, c'est une blague ! Mon fils dort, il y a un couvre-feu à 21 h 30 à cause du Covid, et ils sonnent chez des gens qu'ils ne connaissent pas ? On décide de ne pas ouvrir et de ne pas répondre. Thibault, lui, est choqué et dégoûté de se dire que même chez nous, dans notre intimité, on n'est pas tranquilles. On ne nous respecte pas, on ne respecte pas mon fils, on ne respecte pas notre vie tout court.

Environ une demi-heure plus tard, il est 22 heures, et ça sonne de nouveau. Je regarde une nouvelle fois les caméras, et ce sont des personnes différentes cette fois : quatre adolescents, deux filles et deux garçons en rollers, en plus de la fillette et des parents qui sont toujours là ! Je vois tout à travers mes caméras HD. Les ados filment la maman qui porte la petite fille pour lui montrer la maison, et ils rigolent, ils sont très contents d'eux. Je suis choquée mais surtout tellement énervée que j'en ai des contractions.

Thibault s'habille et me dit : « Je vais péter un câble, je vais les insulter. Là, c'est trop ! » Je lui dis de se calmer et de ne pas y aller. Il accepte de rester, mais il décide quand même de rester habillé au cas où ils reviendraient. Je suis en colère, je me bats pour sauver ma fille, et ces gens osent sonner à ma porte en pleine nuit. Voilà pourquoi je suis partie vivre à l'étranger, car la notoriété, c'est à double tranchant. Ça aurait été beaucoup plus simple pour nous de ne pas être connus pour traverser ces moments difficiles.

Suite à ça, Thibault et moi avons fait de terribles cauchemars : de son côté, il a rêvé qu'on nous cambriolait, et moi, que des personnes s'introduisaient chez nous et me forçaient à aller jusqu'au portail en marchant, ce qui me faisait perdre le bébé dans un bain de sang… Et les gens me filmaient pendant que ça arrivait.

# RETOUR À L'HÔPITAL

Le lendemain matin, après ma douche, alors que je vais m'installer sur le canapé et que j'observe Maylone qui joue, je sens tout à coup que mon short est trempé. Je ne comprends pas. Je saigne, en fait. Mon père, qui est présent, emmène Maylone jouer dans le jardin pour qu'il n'assiste pas à la scène. Mon fils est tellement content d'aller jouer avec son Papy qu'il ne s'aperçoit de rien.

Dans la salle de bains, j'enlève ma culotte, et je m'assois sur la cuvette des toilettes. Beaucoup de sang s'écoule, et j'ai à nouveau la sensation que quelque chose sort de moi. J'ai l'impression que le film recommence, comme la nuit du 15 au 16 mai. Je le dis à Thibault. Je ne panique pas, mais Thibault n'est pas bien. Il me demande si j'ai mal, mais je le rassure, même si au fond de moi, j'ai peur aussi. Je lui demande d'appeler le gynécologue sur sa ligne directe à l'hôpital, puis je prends le téléphone et j'explique au médecin ce qu'il se passe. Il me dit de venir immédiatement à l'hôpital aux urgences, mais je ne sais pas comment faire pour que le sang arrête de couler…

Ma mère appelle Sophie, qui contacte son mari : ce dernier arrive en cinq minutes avec ses collègues dans leur camion de pompiers. Ils me mettent sur un brancard, et je voyage allongée, Thibault à mes côtés. Le long du trajet, je discute avec les pompiers de tout et de rien, j'essaye de penser à autre chose, et surtout de me dire que tout va bien se passer, donc je garde le sourire, je blague avec le mari de Sophie. Thibault est stressé : il est sur son téléphone, et il s'efforce de penser à autre chose, lui aussi.

Ça saigne, je ne sens pas ma fille bouger, donc je suis inquiète. J'ai vraiment hâte d'arriver et d'écouter son cœur pour m'assurer que tout va bien. Deux minutes après, je sens un tout petit, mais alors vraiment un tout petit mouvement qui me rassure même un peu. Ma fille est encore en vie.

À l'hôpital, je suis immédiatement prise en charge. Ma fille commence à bien bouger, ce qui me rassure énormément. Toutes les sages-femmes et les infirmières me reconnaissent. C'est un peu comme chez moi ici, surtout après un séjour d'une semaine. Le fait de voir des visages familiers me rassure. La gynécologue me fait l'échographie et prend les mesures. Tout va bien.

Je ne comprends pas pourquoi je saigne si tout va bien. Elle n'a pas encore d'explications à me donner. Lorsqu'elle utilise le spéculum pour regarder, j'ai hyper mal. En sueur, je tiens la main de Thibault, et j'essaye de prendre de grandes inspirations pour qu'elle puisse faire son travail correctement. Elle me confirme qu'il y a toujours du sang qui coule, mais ce n'est pas un jet continu, c'est plutôt rassurant. Le col est fermé, et rien à signaler au niveau du cerclage.

Comme je le redoutais, ils décident finalement de me garder en observation. Je suis dégoûtée, même si en effet, c'est plus sécurisant d'être à l'hôpital.

Le soir, on nous propose de faire un peu d'hypnose médicale. C'est génial car ça permet de se détendre et de s'évader, ce n'est pas comme l'hypnose qu'on peut voir à la télé. On fait une séance dans ma chambre avec la gynécologue : j'écoute cette voix qui nous transporte dans un endroit relaxant. La séance dure environ trente minutes et quand on ouvre à nouveau les yeux, on se sent bien. Dans cet hôpital Sainte-Musse, à Toulon, il y a plein d'alternatives médicales qui sont proposées aux patients, comme l'hypnose ou l'acupuncture. C'est une super solution pour enfin pouvoir lâcher prise, et nous en avons bien besoin !

Le matin du 27 mai, je ne saigne plus. Une nouvelle échographie montre que tout va bien, et je peux enfin sortir.

# LA RANÇON DE LA GLOIRE…

Une fois à la maison, je suis heureuse de retrouver tout le monde et particulièrement mon fils.

Comme tous les jours, on le couche à 20 heures. À 21 heures, on sonne à la grille de l'entrée. À travers l'écran, je vois deux jeunes filles qui tentent de passer une tête. Elles poussent le portail et essayent de filmer par-dessus. Furieux, Thibault part en courant jusqu'à la grille, en claquettes ! J'observe la scène depuis mon écran, et lorsqu'elles voient Thibault apparaître, les deux jeunes filles partent en courant. Vingt mètres les séparent, mais il est difficile pour Thibault de les rattraper avec des chaussures aussi peu appropriées. La voiture de leurs parents est stationnée sur le bas-côté quelques mètres plus loin, et dans la course, l'une des filles perd sa chaussure. En voyant Thibault arriver, les parents se sont avancés pour permettre à leurs filles de bondir dans la voiture, avant d'accélérer et de disparaître.

Thibault et moi sommes très en colère. Nous avons pourtant tout raconté sur nos réseaux et supplié les gens d'arrêter de nous importuner. J'ai quand même fini à l'hôpital à cause de ça, et j'ai reçu tellement de messages de soutien que quelque part, j'ai vraiment cru que ça ne recommencerait pas… En plus, toute cette histoire a réveillé Maylone, qui est debout, et mes contractions recommencent !

Je dors mal, je fais des cauchemars, je ne me sens plus du tout en sécurité chez moi. À 5 heures du matin, je fais une story où j'explique ce qu'il s'est encore passé durant la soirée de la veille.

Je dis à mes followers que les mots me manquent à cause de l'épuisement, et surtout, je les supplie d'arrêter leurs intrusions.

C'est quoi le but de ces gens ? Que je perde ma fille ? Je pleure et je craque, je suis à bout, et je préférerais presque être à l'hôpital plutôt que de devoir vivre cette situation insupportable. Et là, je reçois des milliers de messages de soutien, des personnes qui sont choquées et outrées… Mes followers me conseillent de couper la sonnette. Comme je ne sais pas le faire, je fais appel à un électricien pour intervenir. C'est tout de même incroyable de devoir en arriver là pour que mon fils puisse dormir et qu'on puisse tous retrouver un peu de tranquillité.

Le soutien que je reçois me fait énormément de bien, mais la mentalité de certaines personnes est franchement triste. En plus, elles osent dire qu'après tout, c'est bien normal, nous n'avions qu'à ne pas être célèbres. Heureusement qu'elles ne représentent qu'une infime minorité. D'autres personnes nous conseillent de prendre des agents de sécurité. Sérieusement, même si c'est une situation extrême, nous sommes des personnes normales, nous avons envie d'avoir une vie normale, sans gardes du corps. Lorsqu'on est en France on enlève tous nos bijoux, on ne porte pas de choses de valeur. Nous vivons déjà avec le minimum pour éviter d'être cambriolés, mais il faut croire que ça n'est pas suffisant pour vivre normalement. Les personnes qui me disent que c'est la rançon de la gloire, pour moi, ce sont les mêmes que celles qui disent que lorsqu'une femme se fait violer, c'est parce qu'elle portait une jupe courte. C'est vraiment con de dire ça.

# LE PREMIER PALIER

Enfin, j'arrive à vingt-quatre semaines, et ça y est, je l'ai fait, j'ai atteint mon premier objectif ! Même si les chances de survie ne sont pas énormes, notre fille est enfin viable. C'est un tel bonheur de se dire que s'il se passe quelque chose, ils seront en mesure de faire quelque chose pour la sauver !

La semaine est passée super vite, car ma meilleure amie est venue me rendre visite. Djamel aussi est resté quelques jours, c'est une vraie joie de voir nos amis. C'est tellement plus agréable d'être entourée de tout ce monde tout en restant sur ma terrasse… Je me sens prête à affronter les trois prochains mois.

Je me rends à l'hôpital nord de Marseille. Le trajet dure une heure. Je suis allongée tandis que Thibault est assis devant à côté de l'ambulancière. Avec mon masque et mon bob, je suis bien camouflée pour passer inaperçue, tout comme Thibault, qui porte casquette et capuche. Mais malgré ces précautions, dans le sous-sol de l'hôpital et alors que je suis toujours sur mon brancard, un autre ambulancier me demande de faire une photo, ce que j'accepte finalement, parce que j'ai passé le cap de la survie de mon bébé.

Lors du rendez-vous, je vois que ma fille a bien grossi : elle pèse maintenant 650 grammes. Elle est en pleine forme, tout va bien. Un médecin du service pédiatrique nous rejoint, nous explique les prochaines étapes et ce qu'il se passerait en cas de difficultés et nous demande si nous avons compris. La vérité c'est que ce n'est pas très clair dans nos têtes, mais nous faisons totalement confiance aux médecins.

Je leur explique comment nous avons vécu et géré ma première grossesse, les complications de la seconde, ainsi que mon envie de retourner chez moi, d'être entourée de ma famille. Elles sont finalement d'accord pour me faire la piqûre de corticoïdes aujourd'hui puis pour me laisser rentrer chez moi, car c'est ce qu'il y a de mieux pour ma fille et moi. Ensuite, une infirmière à domicile viendra me faire une deuxième piqûre de corticoïdes à la maison le lendemain. Puis, toutes les semaines, monitoring, tests et prélèvements à la maison. Je suis très contente de cette alternative, mais je leur précise que j'ai des implants dans les fesses, donc je ne sais pas où l'infirmière pourra piquer. Elles me regardent toutes les deux et me disent qu'en effet, c'est embêtant… On ne la leur avait jamais faite, celle-là ! Elles décident alors de me piquer dans le bras. J'ai une grande résistance à la douleur et, étonnamment, ça ne me fait pas plus mal que ça.

Nos amis Maddy, Benji et Nico passent à la maison l'après-midi. Voir du monde me fait tellement de bien. Heureusement que je suis à la maison et pas à l'hôpital ! Merci, mon Dieu, car dans mon malheur, il y a du positif dont je me nourris chaque jour.

# NOTRE COUPLE TANGUE… À NOUVEAU

Avec Thibault, plus rien ne va, on a de plus en plus de mal à se comprendre. On parle à nouveau de séparation, on se fait les mêmes reproches.

Je me souviens que, il y a trois mois, quand Pierre, mon avocat, mon conseiller, mon éditeur, était venu me voir avec sa cousine Pénélope, que je connais aussi depuis plusieurs années, nous avions dîné tous les quatre au restaurant. Pendant le repas, ils nous avaient beaucoup parlé de psychothérapies, et de ce qu'on peut attendre d'un travail avec un psy. Thibault et moi avions été très intéressés parce que ni lui ni moi n'avons jamais eu besoin d'un psy, même quand ça n'allait pas fort.

Mais là, je suis inquiète, car c'est la deuxième fois que je sens des tensions aussi fortes dans notre couple, et j'ai l'impression qu'on n'en sort pas.

Alors, j'appelle Pénélope à Paris pour lui parler de mon mal-être et de cette situation qui se détériore avec Thibault. Ça ne peut pas continuer comme ça. Qu'on se sépare ou non, il faut qu'on fasse quelque chose. Il y a trop de souffrance, on se fait trop de mal.

Finalement, nous allons à notre tout premier rendez-vous avec un psychologue qui nous a été recommandé par Pénélope ; un rendez-vous par téléphone puisque je ne peux pas bouger ! Chacun fait une heure de son côté, et plus tard, on fera une séance ensemble. On a vraiment besoin d'en passer par là pour nous retrouver.

Suite à une discussion avec sa mère, Thibault a pris la décision de faire des efforts. Hier soir, j'étais partie me coucher, il est venu me faire des tonnes de gâtés et des papouilles. On avait déjà beaucoup discuté à l'hôpital en attendant les médecins.

Nous décidons de passer moins de temps sur nos téléphones et de prendre nos distances avec les réseaux sociaux, car cela nous pourrit trop la vie. Il se montre attentionné, on rigole tous les deux et ça me fait du bien. Il se remet beaucoup en question, et il accepte ce que je lui dis sans s'énerver ou se braquer. On arrive même à rire du comportement qu'il a à certains moments. C'est bien qu'il se rende compte qu'il est un peu fou parfois. Mais je l'aime quand même.

# THIBAULT À DUBAÏ

Thibault s'en va à Paris, avant de partir pour quelques jours à Dubaï. Ça va être long d'être séparés… Mais il y va pour nous : il y a beaucoup de choses à faire sur place, et j'arrive à me convaincre que lorsqu'il rentrera, j'aurai avancé dans ma grossesse d'une semaine supplémentaire.

Pourtant, la nuit, je suis tellement angoissée que j'ai des contractions. J'essaye de me rassurer, mais je n'arrête pas de penser au fait que si j'accouche maintenant, Thibault ne pourra pas arriver à temps : il n'y a qu'un vol par jour ! Alors, j'essaye de ne pas y penser, mais ma fille bouge tout le temps et m'empêche de dormir. Il faut vite que mon mari rentre en France !

Je n'imagine pas vivre la naissance de notre fille sans lui. C'est un instant qui nous appartient. J'ai un souvenir tellement incroyable de la première fois, et je voudrais tant avoir la chance de revivre la même chose avec lui… C'était le plus beau jour de ma vie. Je revois encore son regard, si profond, si intense, tellement rempli d'amour.

Thibault n'étant pas là, je vais à l'hôpital de Toulon avec mon papa, qui va pouvoir voir sa petite-fille sur l'écran de l'échographie.

Le gynécologue est heureux pour nous et me félicite, nous revenons de très loin. Quand on est arrivés, ils étaient obligés de nous tenir un discours pessimiste, la situation était tellement critique… Pendant l'échographie, il montre tout à mon papa : la tête, le nez, les yeux, la bouche… C'est trop mignon. Je décide de faire une vidéo pour me souvenir de ce moment : c'est la première fois qu'un parent vient assister à ça.

Je confie au gynécologue que je veux absolument tenir jusqu'à trente-deux semaines parce que si j'arrive jusque-là, je pourrai accoucher à Toulon, et non à l'hôpital nord de Marseille. Je connais l'équipe médicale de Toulon, je m'y sens en confiance, et c'est bien plus près de chez moi. Le gynécologue me dit aussi qu'à partir de trente semaines, ils gardent parfois les bébés prématurés à l'hôpital. J'ai donc un nouvel objectif : je veux que ma fille naisse à Toulon.

J'explique au médecin que je suis angoissée à l'idée qu'il puisse arriver quelque chose pendant que Thibault est encore à Dubaï… Il me conseille alors de faire des séances de méditation sur une application, car selon lui, c'est bon pour l'esprit comme pour le corps.

C'est le moment idéal pour essayer, car j'ai des contractions, et ma fille bouge dans tous les sens. Je commence la séance, je me mets dans ma bulle, et miracle, à la fin, je n'ai plus de contractions ! Je me sens tellement bien, j'ai réussi à faire le vide autour de moi. C'est décidé : je vais méditer un peu tous les jours.

Je pèse maintenant 58,1 kilos. Ce n'est vraiment pas énorme puisque normalement, j'en pèse 55.

## DÉPART EN SOLITAIRE POUR LE « CROSS »

Le 23 juin, Thibault part en tournage pour le « cross » des « Marseillais vs le Reste du monde », et je suis contente pour lui : il va kiffer. Au départ, il ne voulait pas me laisser seule, mais je l'ai poussé à y aller. Je suis stable, s'il se passe quoi que ce soit, il n'est qu'à une heure de la maison, donc ça va. En plus, je suis confiante, je sens qu'il ne va rien se passer.

J'aurais bien aimé l'accompagner, mais c'est bien sûr totalement impossible dans mon état. Normalement, on devait y aller ensemble, je devais faire une petite apparition, même enceinte. Quand on est là-bas, c'est cool, c'est la colonie de vacances, on est complètement déconnectés. Il va retrouver tous les copains, la production, les équipes de tournage, et la maison sera la même que celle de l'année dernière, lors du précédent tournage.

Je trouve ça bien aussi qu'il fasse cette expérience tout seul, car souvent, on parle de lui comme du « mari de Jessica ». C'est toujours moi qui suis mise en avant, alors qu'il peut largement exister par lui-même, notamment avec son univers artistique. D'ailleurs, il a fait deux saisons des « Marseillais » sans moi, je n'ai intégré le programme qu'après. J'ai voulu continuer, et il n'est revenu que pour moi.

Je ne sais pas encore comment je vais vivre le fait qu'il soit coupé du monde pendant une semaine, sans téléphone. Mais je pense quand même que ce sera plus facile à vivre pour moi dans le sens où j'ai insisté pour qu'il y aille.

Thibault redoute aussi le jugement des gens. Ils savent, sur les réseaux, que je suis alitée, que je vis une grossesse à risque, et pour cette raison, il a déjà fait l'objet de beaucoup de critiques quand il est parti à Paris, puis à Dubaï. Mais je l'ai complètement rassuré sur ce sujet : je compte être présente et expliquer à mes followers que c'était ma décision. Et puis il ne doit pas faire attention aux critiques, même si ce n'est pas toujours facile. L'essentiel, c'est que lui et moi soyons d'accord. Je prendrai sa défense.

En plus, il y a des rumeurs qui circulent sur les réseaux selon lesquelles il m'aurait trompée pendant son séjour à Paris. Il se fait attaquer en permanence, alors même que c'est complètement faux. Il me dit : « Regarde ce qu'il s'est passé en seulement deux jours. » Alors, qu'est-ce qui va se passer après dix jours de tournage ? Ils vont carrément lui inventer une vie ! Je comprends parfaitement tout ça, mais j'ai pleinement confiance en lui et en notre couple.

Il y a toujours des gens pour balancer des rumeurs pour nous salir, nous blesser ou mettre à mal notre couple. C'est encore plus douloureux aujourd'hui, avec les difficultés que nous traversons. En ce moment, c'est toujours le même blogueur qui s'acharne, et le pire, c'est que les gens finissent par le croire. Je déteste ce genre de blogueur.

# UNE PETITE BLESSURE

Le 24 juin, je reçois ma deuxième dose de vaccin contre le Covid, et je n'ai aucun effet secondaire, comme si de rien n'était ! J'avais déjà reçu la première dose du vaccin le 1er juin, et j'avais été dénigrée par certaines personnes sur les réseaux, qui me disaient que j'allais faire du mal à mon bébé, qu'il serait anormal, etc. ! J'hallucine que des gens qui n'ont jamais fait d'études médicales me disent des horreurs comme ça. Moi, je fais confiance à tous ces médecins français, sérieux et compétents qui ont tout étudié de près. C'est fou de voir combien il y a de rageux sur les réseaux sociaux. Les mêmes qui râlent parce qu'on n'a pas de vaccin tout de suite quand arrive le virus disent ensuite qu'il ne faut pas se faire vacciner. Va comprendre…

Et puis, de toute façon, je fais ce que je veux et chacun est libre d'en faire autant.

Thibault m'appelle le 24 juin. Au deuxième jour du tournage, il s'est fait une entorse en courant. Il doit porter une attelle et se déplacer en béquilles, mais comme il n'y a pas d'épreuves sportives pendant quelques jours, le fait qu'il reste ne pose pas de problèmes. Je trouve ça bien, car une petite séparation peut créer un petit manque qui fait du bien à notre couple, car finalement, les moments où nous ne sommes pas ensemble sont rares.

Thibault m'appelle tous les jours cinq minutes en fin de journée : il en profite pour dire bonne nuit à Maylone et prendre de mes nouvelles. Je le tiens informé de mes rendez-vous, mais je ne lui pose pas trop de questions sur le tournage et les histoires qui s'y passent. Je préfère en parler avec lui quand il rentrera, ça nous permettra d'avoir plein de choses à nous raconter. Il me dit simplement que tout va bien, mais qu'il trouve le tournage un peu mou.

Parallèlement, mon producteur Benjamin m'écrit et me dit que je lui manque sur le tournage. Si seulement il savait comme eux aussi me manquent… Quand il me dit que ce n'est pas pareil sans moi, ça me touche sincèrement. Je réponds : « La prochaine fois… »

## ATTENDRE ET ATTEINDRE SES OBJECTIFS !

À vingt-huit semaines et quatre jours de grossesse, j'ai rendez-vous avec le gynécologue pour la grosse échographie. Il procède à l'examen : tout va bien, on voit la petite tête de ma fille, son nez, sa bouche, ses mains… C'est tellement émouvant et beau. Ma fille pèse aujourd'hui 1,1 kilo, ce qui est très bien. Le gynécologue examine également mon col, qui a quasiment réduit de moitié !

En rentrant à la maison, je suis totalement déprimée. Je pleure toutes les larmes de mon corps, car je suis vraiment déçue de ce résultat. Je ne fais strictement rien de mes journées, et pourtant, j'en suis là. Thibault, qui est rentré du tournage, me réconforte, me fait des câlins, et me dit que je vais y arriver, que ce n'est rien. C'est vrai qu'avec Maylone, j'ai réussi à tenir dix-sept semaines avec dix millimètres de col, donc je peux tenir huit semaines avec vingt à vingt-cinq millimètres. Cette façon positive de voir les choses me fait du bien et me permet d'évacuer mon stress.

Je pèse 62,8 kilos. Je n'ai pas pris beaucoup de poids alors que pourtant, même si je mange des choses saines, je mange aussi beaucoup de *junk food* (pizzas, kebabs, hamburgers). Pour Maylone, je faisais très attention à mon alimentation : je mangeais des fruits, des légumes, des poissons, de la viande, etc. Pourtant, j'avais quand même pris 14 kilos, et j'étais hyper gonflée. J'avais éclaté comme du pop-corn, sauf que je ne m'en rendais pas compte. Maintenant, quand je regarde les vidéos de la fin de ma grossesse pour Maylone, je suis consternée !

Surtout, ça ne m'a pas permis d'éviter les problèmes, donc j'ai décidé de plus kiffer cette fois !

Les jours passent, et bientôt, je serai à trente semaines, c'est mon prochain palier. Il faut se fixer des objectifs à atteindre pour avancer et tenir psychologiquement, c'est important. Franchement, je ne m'ennuie pas, je m'occupe : je trie mes photos, je fais des massages, je regarde des séries, je fais de la réflexologie, je refais toute ma décoration en consultant des sites spécialisés, je commence à regarder des choses dont j'aurai besoin pour l'arrivée de ma fille…

Le 12 juillet, Thibault est rappelé d'urgence par la production des « Marseillais » pour réintégrer le programme. Il me demande si ça me dérange qu'il y retourne. Bien sûr que non, à condition que je puisse le contacter en cas d'urgence et qu'il puisse venir. Mais Thibault n'est pas très chaud pour y retourner ; alors, on décide qu'on en discutera après le rendez-vous prévu le lendemain chez le gynécologue.

La nuit qui suit est horrible. J'ai une grosse migraine et beaucoup de contractions. Ma fille ne se contente pas de me mettre des coups de pied dans le ventre : elle m'en met aussi dans le col. Impossible de dormir. C'est stressant, car il ne faut pas qu'il y ait une quelconque pression sur mon col ! Il ne faut pas que j'aie des contractions, sinon il va encore se réduire, et comme il est déjà extrêmement court et que j'ai un cerclage… Bref, à chaque coup qu'elle donne, je contracte comme jamais, c'est un réflexe. Ma fille n'a rien à voir avec Maylone, qui était beaucoup plus calme : elle, c'est une vraie pile électrique !

## LES PETITS MAUX DE FEMME ENCEINTE

Le lendemain, j'explique à mon gynécologue que j'ai passé une nuit affreuse et que j'ai l'impression que ma fille se trouve à deux centimètres de la sortie. Grâce à l'échographie il me confirme qu'effectivement, elle a les pieds en bas. Il touche mon ventre, appuie légèrement sur le côté, et là, je la sens bouger. Je suis trop contente, car elle finit par enlever les pieds de cette zone à éviter, et je vais pouvoir être plus sereine.

Mon gynécologue me dit qu'il va examiner mon col, donc je baisse ma culotte, et là, Thibault rigole et me dit : « Hou là là, chérie ! Le rasage, ce n'est plus trop ça, il va falloir que je recommence à t'aider ! » Bon, apparemment, j'ai oublié quelques poils, mais c'est tellement difficile d'atteindre certaines zones du corps à ce stade de la grossesse. Je ne vois plus ma schtroumpfette, et je distingue à peine le bout de mes pieds. Pendant l'examen, Thibault rigole toujours et dit au gynécologue qu'il voit plus souvent mes parties intimes que les siennes. C'est vrai que sans rapports depuis quelques semaines déjà, ce n'est pas la joie…

Mon col est à dix-sept millimètres : c'est toujours court, mais ça va aller. Thibault est stressé de rejoindre le tournage, mais le gynécologue et moi le rassurons : ça va aller, il ne part pas loin.

Je parle aussi au médecin de ma constipation : j'en suis réduite à faire des crottes de lapin ! Je ne suis pas gênée de lui parler de ça, parce que grâce à mes millions d'abonnés, je sais que c'est très courant, et que ça fait partie des petits maux des femmes enceintes. En rigolant, mon mari me dit qu'il ne regrette pas d'être venu pour apprendre ça !

C'est vrai qu'entre les poils sur le pubis, les crottes de lapin, la constipation et les gaz… ce n'est vraiment pas glamour !

Encore, si je m'habillais sexy et qu'on partageait des moments intimes… En temps normal, je m'arrange pour éviter la routine et pimenter notre vie sexuelle. Mais là, impossible, c'est la grosse punition. Il faut même que j'évite l'excitation, car je risquerais d'avoir des contractions. En plus, ma poche des eaux est fissurée, et le cerclage est là pour couronner le tout, donc autant vous dire que c'est le désert absolu !

Le pire, c'est que j'ai une libido comme jamais, donc c'est la double peine ! Quant à Thibault, il s'est fait à l'idée de l'abstinence totale, et sa libido a disparu avec tous les problèmes, mais il sait que je suis là pour lui, s'il a des besoins.

# C'EST DIEU QUI DONNE !

Le 21 juillet 2021, je suis à trente semaines et deux jours, et je meurs de chaud ! Mon gynécologue m'ausculte, me regarde, puis me dit : « Ça y est, bravo madame Thivenin, bienvenue à Toulon ! » C'est une merveilleuse nouvelle pour moi.

Thibault rentre de tournage le 24 juillet à 3 heures du matin. Même si j'ai insisté pour qu'il puisse le finir tranquillement, je suis soulagée qu'il soit rentré… C'est génial, car la production l'a aidé à organiser toutes ses interviews sur une seule journée plutôt que sur trois jours, afin qu'il puisse être plus tôt auprès de moi.

Je vais enfin pouvoir me détendre un peu.

Lundi 26 juillet, je vais réveiller mon mari et je me cale contre lui dans le lit pour lui faire un gâté et là d'un coup, un petit filet d'eau coule. Je perds du liquide amniotique, qui traverse mes vêtements. Je me lève, je vais aux toilettes, et je change de pantalon et de culotte. Environ dix millilitres ont dû couler à peu près, mais ça va, je ne stresse pas. De toute façon, comme dirait Greg, « c'est Dieu qui donne mon bebew ».

Plus sérieusement, je crois beaucoup au destin. Ce qui doit arriver arrivera, même si je garde en tête mon objectif des trente-deux semaines, puis des trente-quatre. Une marche après l'autre.

Depuis quinze jours, je me lève beaucoup plus qu'avant, et ça me fait du bien. Bon, quand je dis « beaucoup », tout est relatif, j'ai quand même l'impression d'être une mémé. Par exemple, je m'autorise à aller chercher des choses dans le frigo, ou à aller à la salle de bains. Ce n'est pas énorme, mais c'est déjà plus qu'avant. J'ai confiance en moi et en ma fille : je sais qu'on peut tenir encore. Mes contractions sont plus nombreuses et plus douloureuses, mais je les supporte, tant que mon col ne bouge pas.

# LEEWANE CHANCE GARCIA

Maylone a un sacré caractère depuis quelques semaines. Il commence vraiment à s'affirmer, et je suis obligée de lui tenir tête, car sinon, il va nous bouffer ! Il comprend bien qu'il va avoir une petite sœur, et j'espère sincèrement qu'il se calmera avec son arrivée.

Le 16 août 2021, je suis à trente-quatre semaines : c'est la dernière ligne droite avant de pouvoir sortir de la zone critique de la prématurité. C'est magique, incroyable. Tout le monde est bluffé que j'aie pu tenir tout ce temps. Si j'accouche maintenant, je n'aurai pas besoin de grand-chose au niveau des soins, peut-être un peu de couveuse par sécurité, et encore, ce n'est pas sûr. Je suis tellement soulagée !

Le soir, nous allons au restaurant avec toute ma famille et ma belle-famille pour fêter ça tous ensemble, car ils m'ont soutenue tout au long du chemin. C'est ma première sortie, hors rendez-vous médicaux ou hôpitaux, et je vais en savourer chaque instant.

Je vois enfin le bout du tunnel, des larmes de joie coulent sur mes joues. En même temps, j'ai l'impression d'avoir raté tellement de choses et de moments avec mon fils… Je pouvais le regarder jouer, mais je ne pouvais rien faire réellement avec lui, comme aller dans la piscine, à la ferme aux animaux ou à la plage. J'essaye de me convaincre que ce sacrifice en valait la peine : le principal, c'est que ma fille soit bientôt là, parmi nous.

Les médecins n'y croyaient pas, mais finalement, dans quelques jours, elle sera là, dans nos bras. Elle revient de tellement loin que nous avons décidé que son deuxième prénom serait Chance : Leewane Chance Garcia. Maylone porte lui aussi un second prénom symbolique, Ange : Maylone Ange Garcia. Il est important pour nous que nos enfants portent des prénoms qui racontent leur histoire.

# D'UNE GROSSESSE À L'AUTRE… RIEN À VOIR !

Régulièrement, je me masse le périnée. C'est très important, et la dernière fois, ça a bien marché, car je n'ai eu aucune déchirure, et dès le lendemain de mon accouchement, je marchais dans les couloirs pour rejoindre mon fils.

Je pèse maintenant 66,8 kilos, ce qui reste raisonnable. C'est marrant, parce qu'au niveau de la prise de poids, mes deux grossesses ont été totalement différentes, et pour Thibault aussi ! Pour Maylone, mon corps a gonflé et j'étais alitée, pendant que Thibault était en forme comme jamais. Il faut dire qu'on était à Dubaï, et qu'il passait tout son temps à faire du sport. En même temps, il n'allait pas sortir et faire la fête… Alors que pour cette grossesse, je suis restée *fit*, pendant que Thibault a explosé comme un pop-corn !

Mes deux grossesses n'ont vraiment rien à voir sur le plan physique mais aussi hormonal. Pour Maylone, j'étais une boule d'amour, très *love to love*, j'aimais trop Thibault, alors que pour Leewane, j'avais envie de pleurer pour rien, je ne pouvais plus supporter mon mari, c'était un truc de fou ! Je l'avais pris en grippe. Ça, ce sont les hormones qui te retournent complètement.

Je fais une séance de photos pour la fin de ma grossesse le 5 août, chose que je n'avais pas pu faire avec Maylone parce que je ne pouvais même pas me lever. C'était le bon moment car je sentais bien que ma fille pourrait arriver nettement avant le terme.

# LA NAISSANCE DE LEEWANE

Le 18 août, on commence à s'activer pour tout finaliser avant l'arrivée de la petite. Il faut par exemple qu'on commence à préparer notre valise de maternité, car il ne nous reste que deux semaines et demie au maximum. Les contractions sont de plus en plus douloureuses, et la tête de la petite est vraiment basse.

Le 21, c'était le dernier barbecue de prévu avec des amis à la maison. Alors, quand ils sont partis, j'ai relâché la pression : je me suis dit que j'étais prête à accoucher. J'avais eu la même sensation avec Maylone, car je venais juste de poser la dernière couverture dans son lit et de me dire : ça y est, tout est prêt ! Et les deux fois, la même chose : il suffit que je me dise, c'est bon, tout est prêt, et je suis prête pour que mon bébé arrive.

Et donc le soir du 21, alors que je suis en pleine discussion avec mes parents, ma poche des eaux se rompt, vers 22 heures. Nous partons aussitôt en direction de l'hôpital de Toulon avec un peu de Bob Marley en fond musical pour se détendre dans la voiture, comme pour Maylone, là aussi.

Thibault sonne à l'entrée du service, et une voix nous répond : « Oui ? » Thibault annonce spontanément : « On vient mettre un bébé au monde ! » Je vois ensuite arriver Gaëlle, une sage-femme que j'avais adorée. J'aimerais beaucoup que ce soit elle qui m'accouche ! Quand elle m'examine, mon col est déjà ouvert à trois centimètres.

On me pose une péridurale pour retirer mon cerclage. Je commence à ne plus sentir ma jambe gauche dans un premier temps. On teste ma jambe en posant un glaçon dessus : je ne sens rien, et peu à peu, l'angoisse commence à monter. Ma péridurale me démange sur tout le haut du corps, la poitrine, les bras, c'est une sensation bizarre et je me gratte. Je sens qu'elle est moins forte qu'à Dubaï, je ressens légèrement les contractions, alors que là-bas, je ne ressentais rien du tout.

Comme d'habitude à chaque fois que je vais accoucher, Thibault pense d'abord à manger et est parti récupérer sa commande du McDo.

Pendant ce temps le médecin essaye de m'enlever mon cerclage mais il galère. La sage-femme me dit qu'elle voit la tête du bébé. Je lui demande de quelle couleur sont les cheveux de notre fille. Elle me répond qu'elle est brune. Je ne m'y attendais pas du tout ! Encore une surprise, après cette date d'accouchement improbable ! Je suis dans la chambre d'accouchement numéro 2, on est le 22, et c'est mon deuxième enfant : est-ce que c'est un signe ? Il y a également une grosse pleine lune le 22 août.

Je repense alors à la journée du 7 octobre et à mon fils né ce jour-là, qui est resté collé à moi aujourd'hui en me faisant plein de gâtés. Peut-être qu'il a senti que sa petite sœur allait arriver…

Mon col est totalement dilaté, je suis à dix centimètres. Notre fille se prépare à venir au monde.

D'un coup, je craque, et je me mets à pleurer. Je suis effrayée, et pourtant, mon premier accouchement s'est bien passé. Mais c'est à cause des problèmes que nous avons eus ensuite que j'angoisse… Je sais qu'on va le faire ensemble, mon mari est auprès de moi, il me rassure et me dit de ne pas avoir peur.

Notre fille, LEEWANE CHANCE GARCIA, 2,460 kilos et 43 centimètres, est née durant cette nuit du 22 août à 3 h 32.

# LES PREMIÈRES HEURES DE NOTRE FILLE

Cette naissance, c'est encore une fois un moment incroyable, magique et fort. Comme nous l'avons filmée avec notre téléphone, je vais pouvoir la regarder en boucle, encore et encore. Thibault part avec Leewane pour les premiers soins, et moi, je reste sous surveillance dans la salle d'accouchement. Mon placenta sort très rapidement, je n'ai qu'à pousser une seule fois pour l'évacuer. C'est un soulagement que ça ne se passe pas comme pour Maylone !

Je garde Leewane peau à peau contre moi pendant un petit moment, avant qu'elle parte en néonatalité. Ma fille ayant du mal à s'adapter à la vie extérieure, il faut l'aider à mieux respirer, mais c'est très fréquent, donc je ne suis pas inquiète. Je suis ensuite installée dans ma chambre côté maternité. J'en profite pour me reposer un peu pendant que Thibault dort avec Leewane dans sa chambre. Tout va bien, je suis heureuse.

Peu après, je prends une douche, je me maquille et je me fais un peu jolie. Je rejoins notre fille pour passer toute la journée avec elle. On reste collées l'une à l'autre, et petit à petit, elle va mieux. Je lui donne un biberon pour la première fois, Thibault l'a déjà fait avant moi. Je suis si fière de lui donner le biberon, car j'appréhendais vraiment cet instant, c'est presque devenu une phobie avec tout ce qu'on a vécu avec Maylone... Mais Leewane le boit exactement comme les autres bébés. Quand elle a un petit rejet, Thibault panique un peu, mais moi, ça ne me stresse pas plus que ça.

Je garde Leewane toute la journée contre moi, et je lui parle constamment. Je lui explique qu'elle doit se caler sur ma respiration et que si tout se passe bien, on lui enlèvera l'oxygène.

Vers 15 h 30, elle respire enfin toute seule, comme une grande. Thibault prend le relais, et je m'allonge sur le petit lit à côté parce que là, j'ai une énorme crise de contractions qui me font tordre de douleur ! Même pendant l'accouchement, j'avais moins mal ! Ces contractions s'appellent des tranchées : elles servent à réduire la taille de l'utérus pour qu'il retrouve une taille normale et à éviter une trop grosse perte de sang en fermant les artères utérines. Elles arrivent le plus souvent à partir du deuxième enfant.

Je vais ensuite dormir dans ma chambre, car je manque de sommeil, pendant que Thibault reste avec Leewane. Ma nuit est très agitée avec toutes ces contractions très douloureuses… Le lendemain, tôt le matin, c'est au tour de Thibault d'aller se reposer : je donne à ma fille un biberon qu'elle ne régurgite pas.

L'après-midi, nous sommes autorisés à avoir enfin Leewane avec nous dans notre chambre. La néonatale, c'est terminé ! J'ai pris avec moi la première petite tenue de ma fille : un body, un pyjama et un bonnet. Je marche vite pour la rejoindre, j'ai tellement hâte de la ramener dans notre chambre, la numéro 13, comme un signe de chance. Ma chambre est beaucoup plus spacieuse, avec plus de confort : une grande douche, un lit pour maman, un lit pour papa, la couveuse de Leewane, donc on se sentira tous mieux.

Une fois arrivée auprès d'elle, j'éclate en sanglots : je ne peux maîtriser ni mes émotions ni mes larmes de joie. Les vêtements que nous avions préparés pour elle vont pouvoir servir : nous sommes enfin comme tous les parents « normaux »… J'ai beaucoup de mal à réaliser. Mon mari me console en riant. Après des mois de cauchemar, c'est enfin un rêve que je vis.

Ensemble, nous habillons notre fille, comme nous l'avions fait pour Maylone. Elle est tout de rose vêtue, on dirait un bonbon qu'on a envie de croquer. Moi qui avais si peur de ne pas l'aimer, je l'aime déjà d'un amour immense, un amour identique à celui que je porte à son frère. L'amour ne se divise pas à ce moment-là, il se multiplie.

# UN NOUVEAU GRAND FRÈRE ET UN MAUVAIS SOUVENIR

On appelle très souvent Maylone en FaceTime pour lui montrer qu'on est là et qu'on ne l'oublie pas, qu'on pense à lui. Par contre, on ne lui montre pas sa sœur en visio, et encore moins si elle se trouve dans mes bras. Il l'a juste vue en photos, car je ne veux surtout pas qu'il pense qu'on l'a délaissé. Dès que je l'appelle, il me réclame des gâtés, et ça me fait de la peine de devoir lui expliquer que je ne peux pas rentrer tout de suite. Je me console en me disant qu'il est très bien entouré par ses grands-parents.

La première nuit passée dans notre chambre est très agitée. Après chaque biberon, Leewane régurgite une partie de son repas, donc nous devons la changer entièrement. Sans compter les machines qui sonnent et qui font du bruit en permanence, autant vous dire que je fais des nuits blanches. À 7 heures du matin, Thibault prend le relais et me remplace, car je ne tiens plus debout.

Le matin du 24 août, alors que je suis seule avec Leewane dans mes bras, la machine se met à sonner. Ma fille devient subitement rose, puis violette. Une infirmière accourt dans la pièce, regarde la petite, l'attrape et dit : « Elle ne respire plus. »

Je fonds aussitôt en larmes. Cette phrase me fait évidemment paniquer, car je revois en flash ce que j'ai pu vivre avec Maylone, son petit corps inanimé… Mais l'infirmière me rassure : les prématurés ont parfois tendance à coller leur langue au palais, ce qui coupe leur respiration. Pour que l'oxygène puisse de nouveau circuler, il faut décoller la langue. C'est ce qu'elle fait, et Leewane retrouve alors une jolie couleur.

L'infirmière m'explique que cela n'a rien à voir avec Maylone, et s'excuse de m'avoir fait peur. Elle reconnaît qu'elle n'aurait pas dû me dire cette phrase. Elle n'avait pas réalisé ce que nous avions déjà traversé avec notre fils.

Elle me dit aussi que si Leewane continue de faire des petits décrochements au niveau de la respiration, elle sera obligée de la remettre en néonatale, mais que pour l'instant, on n'en est pas encore là. Elle me rassure énormément : Leewane est connectée avec le bureau des infirmières, qui voient tout ce qu'il se passe. Je ne suis pas seule, s'il arrive quoique ce soit, elles sont là et peuvent intervenir très rapidement. Je m'excuse d'avoir pleuré, mais cette phrase a tout fait remonter à la surface, et j'ai à nouveau vécu la peur de perdre mon enfant.

Je reprends Leewane contre moi, rassurée, je lui parle, je lui explique qu'il ne faut pas qu'elle colle sa petite langue à son palais, car ça fait très peur à sa maman.

# RETOUR EN ARRIÈRE…

Je décide de prendre en charge Leewane toute seule. J'ai besoin que Thibault soit en forme pour s'occuper de Maylone, c'est important que notre fils ne soit pas chamboulé, entre l'arrivée de sa sœur et mon absence. Mais une fatigue intense est là. Le lendemain matin, après une nuit difficile à cause des jumeaux de la chambre d'à côté qui ont crié toute la nuit tandis que Leewane était toute calme, je décide de me laver et de me maquiller, car c'est bon pour le moral.

Je suis épuisée, mais si pleine d'amour quand je regarde ma fille : je n'en reviens pas, la vie est vraiment incroyable.

Leewane a encore perdu du poids. Elle pèse 2,285 kilos. Je sais que c'est normal, mais j'espère que ça ne va pas trop durer… la pédiatre nous annonce que Leewane va devoir retourner en néonatale, car elle fait toujours des bradycardies et qu'il n'y a pas assez de surveillance dans une chambre normale.

Je me mets à pleurer, car j'étais contente de vivre une espèce de normalité en étant dans une chambre avec mon mari et mon bébé comme tout le monde. J'ai la terrible impression de régresser, que mon cauchemar recommence, et qu'il y a toujours quelque chose qui ne va pas.

Au fond de moi, je sais que l'équipe médicale a parfaitement raison : c'est très important que ma fille soit sous étroite surveillance, pour sa santé et pour sa sécurité. Il faut qu'elle évolue encore mieux, car on ne peut pas sortir avec un bébé qui fait des apnées, on aurait trop peur de la laisser seule ne serait-ce qu'une seconde.

Les infirmières essayent de me consoler, mais c'est dur, et avec la fatigue en plus, ça n'arrange rien. J'essaye de voir le côté positif : cet après-midi, je vais pouvoir rentrer à la maison, poser nos affaires et profiter d'un moment avec Maylone, le prendre enfin dans mes bras et même sortir avec lui, depuis le temps que j'en rêve !

J'ai tellement eu l'impression de le voir grandir sans moi, de ne pas avoir été assez là pour lui. Les larmes coulent à nouveau sur mon visage : je comprends que je dois être présente pour mes deux enfants.

Lorsque je suis avec l'un, je culpabilise de ne pas être avec l'autre, et vice versa ! Mon cœur est déchiré en deux.

# DÉCHIRÉE ENTRE DEUX ENFANTS

Thibault et moi décidons de passer la nuit, le matin et le début d'après-midi avec Leewane, puis le reste de l'après-midi avec Maylone. De cette façon, on pourra faire le bain avec lui, le gâté et l'histoire du soir qu'il me réclame tous les jours depuis que je suis à l'hôpital. Il faut dire que ce gâté, c'est comme une tradition entre nous depuis sa naissance. Quand Maylone ira se coucher, on prendra notre douche, et on ira retrouver notre fille à l'hôpital. Voilà notre programme pour les semaines à venir. On essaye vraiment d'être là pour les deux et de manière équitable. Pas de place pour le sommeil !

Je vois un commentaire me disant : « Comment tu peux laisser ta fille ? » Ce n'est qu'un seul commentaire, mais ça me fait pleurer, je suis perdue et je ne sais plus quoi faire. Mes deux enfants ont besoin de moi ! Ce message est si violent… Mais je prends le temps d'en lire d'autres, de soutien cette fois. Ce sont des personnes qui vivent ou qui ont vécu la même chose que moi et qui comprennent ce que je traverse.

Alors que je suis dans la voiture qui me ramène à la maison, Audrey m'appelle. Elle m'explique que ça va aller, que ce que fait Leewane est normal pour un bébé prématuré, et qu'il ne faut pas que je m'inquiète, ça peut se résoudre très vite. Je discute beaucoup avec elle : cela me rassure, et surtout, je me sens moins seule.

Une fois arrivée chez moi, je cours vers mon fils, et enfin, je le porte dans mes bras ! Je le couvre de gâtés, c'est un plaisir indescriptible. Je joue, je rigole avec lui, et je suis tellement heureuse que je n'ai plus envie de pleurer. J'explique à Maylone que sa petite sœur est à l'hôpital, qu'elle a un petit bobo comme lui quand il était petit, alors les docteurs la soignent. Il regarde mon ventre et ne comprend pas pourquoi il est tout plat : où il est, le bébé ? Il est parti du ventre de maman ? À ce moment précis, je ne veux pas lui montrer de photo de sa sœur. Je lui dis que je lui expliquerai tout ce soir au moment du gâté, il sera plus concentré. Je lui annonce qu'on va aller voir des animaux à la ferme ! Même si j'ai accouché il y a deux jours, ça m'est égal, j'ai besoin de faire quelque chose avec Maylone, de kiffer ! Tout de suite, Maylone est ravi : il adore les animaux. On va enfin sortir de cette maison où je suis restée enfermée durant quatorze semaines.

Dans la voiture, Maylone regarde le siège auto de Leewane et me dit : « Sœur. » Je lui demande comment s'appelle sa sœur, et il me répond : « Leewane. » Mon Dieu, il est si intelligent, je suis tellement émue que je fonds en larmes. Je suis tellement fière de lui. Intérieurement, je pense : « Bientôt, elle jouera avec toi, mon fils. » Je suis évidemment triste que tout ne se passe pas comme je l'avais prévu, mais je ne peux pas m'empêcher de rire devant sa petite tête de clown.

On arrive à la ferme, et je regarde Maylone s'émerveiller, refaire le bruit des animaux dès qu'il les croise. Il leur dit même bonjour. Ça fait quatorze semaines que nous jouons avec des animaux en plastique sur le canapé, et là, nous pouvons enfin les voir en vrai, c'est génial ! On passe un super moment, et même si j'ai mal, que ça me tire dans le bas du ventre et que j'ai des contractions, je ne dis rien, je ne me plains pas. Les gens sont choqués et me demandent : « Mais qu'est-ce que tu fais là ? Ça fait seulement deux jours que tu as accouché, tu joues avec ton fils, et ton ventre est si plat ! »

En fait, c'est simple : ma force, c'est mon fils. Avec lui, j'oublie tout et tout le monde. J'ai conscience que ça peut être dangereux et me provoquer une descente d'organes, mais j'ai besoin de ce moment.

Thibault et moi profitons du coucher pour expliquer à Maylone que nous allons rendre visite à sa petite sœur et que nous serons de retour dès le lendemain pour jouer avec lui. Nous nous posons sur son lit, et nous lui montrons des photos et des vidéos de sa sœur. Il est émerveillé et dit : « Leewane, sœur, sœur. » Il nous montre son nez, ses yeux, il la regarde avec ses petits tuyaux dans le nez. Je lui dis que lui aussi a eu besoin de ça pour se nourrir quand il était tout bébé. Il est totalement captivé, j'ai tellement hâte qu'ils se rencontrent.

Sur le trajet vers la maternité, les larmes me montent à nouveau aux yeux, car j'ai l'impression à la fois de laisser Maylone et aussi d'avoir abandonné ma fille qui n'a que deux jours, d'avoir été égoïste. Thibault me rassure et puis, je lis les commentaires laissés à mon intention sur les réseaux sociaux : les gens me disent que c'est normal d'essayer de partager son temps et son amour entre ses deux enfants, que je n'ai pas à culpabiliser. Leurs histoires et leurs témoignages me font du bien et me remontent le moral.

À l'hôpital, je prends tout de suite Leewane dans mes bras. Je culpabilise de l'avoir laissée, je m'en veux d'avoir kiffé le moment passé avec Maylone à la ferme. Deborah, une infirmière, me dit que c'est normal et qu'il ne faut pas que je sois triste. Elle me frotte l'épaule, comme pour me redonner du courage. Elle me dit aussi que Leewane était bien, qu'elle n'a pas remarqué mon absence, et que maintenant, je suis là pour être avec elle. Deborah est tellement gentille, elle était là aussi pour surveiller Leewane après mon accouchement.

Je lui explique que mes pleurs sont sûrement dus aussi à la fatigue. Alors, elle me propose de ne m'occuper que du biberon de minuit : elle donnera ceux de 3 heures et 6 heures pour me permettre de me reposer. C'est adorable, et j'accepte volontiers, car je suis à bout de nerfs.

Je parle à Leewane de son frère qui l'attend, je lui raconte tout ce qu'on a fait dans la journée. J'ai pris l'habitude de beaucoup parler à Maylone, donc je fais pareil avec sa petite sœur. Ça me fait du bien, même si parler seule pendant des heures avec un bébé peut paraître fou mais je suis sûre que ma fille me comprend et que ça l'aide. Et puis, ça m'aide également !

Deborah a fini à 7 heures et nous a laissé un petit mot pour nous dire que tout allait bien. Franchement, c'est tellement gentil de sa part de nous avoir soulagés comme ça : j'en avais vraiment besoin, et Thibault aussi.

Leewane pèse maintenant 2,270 kilos et n'a plus de rejet. Au bout d'une semaine, on lui donne le bain, et je retrouve les gestes que j'avais pour Maylone. Je réalise à quel point le temps passe à une allure folle…

À la maison, mes parents sont partis se reposer chez eux après des semaines à prendre soin de Maylone, de moi, de la maison, de tout… Ils ont vraiment été très présents pour nous, ils ont été géniaux. Je ne sais pas ce que j'aurais fait sans eux. Mon fils est donc maintenant avec Papy Vincent et mamie Guylaine, et il est ravi. Il commence à changer et à faire des crises, il nous fait comprendre qu'il est un peu jaloux. Je continue à lui montrer des photos de sa sœur, mais j'évite celles où elle est avec nous pour ne pas lui faire de peine.

# ENFIN, LA SORTIE !

Leewane va beaucoup mieux : elle n'a plus de sonde et prend ses biberons toute seule. Même si on ne sait pas encore exactement quand ce sera, la sortie approche. J'annonce à tout le monde que c'est certain, mercredi, on sera à la maison ! Thibault se moque de moi : je n'arrête pas de dire ça, mais personne ne nous l'a confirmé ! Mais je suis sûre de moi, j'y crois : mercredi, je serai chez moi avec mes enfants.

Ça devient difficile d'enchainer les nuits à l'hôpital et de s'occuper en même temps de Maylone. La fatigue est là, mais on doit continuer. Une personne du service me fait comprendre que nous serons bientôt chez nous, peut-être demain ou après-demain. Je suis trop contente de l'entendre de la bouche de quelqu'un d'autre.

Je lui demande alors gentiment un service : est-ce qu'il serait possible que Maylone vienne chercher sa petite sœur à l'hôpital ? Je sais que les visites sont interdites à cause du Covid, mais je lui demande si on peut faire une petite exception. Je lui explique aussi que si nous n'étions pas connus, Thibault et moi, j'aurais présenté Maylone à sa sœur dans les couloirs de l'hôpital ou dans le hall, mais je sais très bien que tout le monde nous observe. J'en fais même des rêves bizarres où les gens nous filment à notre insu.

Ce moment d'intimité en famille, la rencontre entre Maylone et Leewane, je veux le vivre à l'abri des regards indiscrets. En plus, notre chambre est collée à une porte de sortie, donc ce n'est pas comme si mon fils allait déambuler dans les couloirs. Je lui promets également que cet instant ne durera pas longtemps. C'est quelque chose qui me tient à cœur : j'ai tellement attendu ce moment, et je voudrais qu'on puisse le vivre à quatre.

Elle comprend tout à fait la situation et me dit qu'elle va demander la permission de faire quelque chose, exceptionnellement.

Le mardi 31 août, l'infirmière nous annonce qu'on va pouvoir sortir aujourd'hui, et cerise sur le gâteau, ils m'annoncent qu'ils acceptent que Maylone vienne chercher sa sœur à l'hôpital. Nous pourrons rester une petite heure dans la chambre et avoir un moment d'intimité en famille ! Tout va se passer comme dans mes rêves : même si je n'ai pas eu la grossesse idéale, ni même un retour « normal » à la maison, finalement, je me suis adaptée à la situation.

Je suis évidemment très heureuse de partir, mais je me suis beaucoup attachée au personnel soignant. Ils ont tous été formidables, présents pour nous à chaque instant. Ils ont su rendre des moments difficiles un peu moins douloureux en nous apportant leur soutien.

La pédiatre nous remercie du don que nous avons fait à l'hôpital. Remercier ces gens qui ont été là pour nous était important à mes yeux. Je pense également qu'il est important qu'ils puissent investir pour le confort des parents mais aussi pour les nourrissons, par exemple en s'équipant avec des co-dodos ou d'autres accessoires de ce genre. C'est vraiment important que les parents qui traversent ces épreuves se sentent bien.

Thibault part au magasin acheter un petit cadeau que Leewane offrira à son frère. Je veux que Maylone se rende compte qu'elle l'aime déjà et qu'elle a pensé à lui. Je suis stressée comme jamais, j'ai la boule au ventre. J'ai tellement rêvé de ce moment que je voudrais vraiment qu'il se déroule comme dans ma tête. Mais je me pose plein de questions : est-ce que Maylone va être jaloux ? Est-ce qu'il va aimer sa sœur, l'accepter ? Je n'ai pas les réponses, mais je l'espère.

Je prépare Leewane, et je lui mets une jolie petite tenue pour qu'elle soit très jolie pour la visite de son frère. Je range la chambre comme si c'était ma maison, limite je suis capable de faire les sols et les vitres tellement je suis angoissée. Thibault va chercher Maylone à la maison, puis m'appelle et me dit qu'il est en route : ce n'est plus qu'une question de minutes.

# LA RENCONTRE

Thibault est dans l'ascenseur avec Maylone, et le stress monte. Pile à ce moment-là, Leewane fait un rejet. Je me dis : « Non, pas maintenant ! » J'essuie ses petites lèvres, et je la prends dans mes bras pour la mettre un peu droite.

La porte de la chambre s'ouvre, j'ai ma fille dans les bras quand je vois apparaître la petite tête de Maylone, qui regarde sa sœur très bizarrement. Il fronce les sourcils, il ne comprend pas trop ce qu'il se passe. Alors, on lui explique que c'est fini, sa petite sœur va pouvoir rentrer à la maison avec nous. J'essaye de lui tendre la main et de lui dire de s'approcher, mais il est tout timide et se cache entre les jambes de son papa.

Thibault l'installe près de nous, et Maylone commence à toucher la main de Leewane, à sourire et à nous regarder. Je vois de la joie sur son visage. Nous filmons ce moment : c'est un des plus beaux jours de ma vie, voir mon fils accueillir sa sœur aussi bien… C'est simplement parfait, encore mieux que ce que j'avais imaginé.

Je suis heureuse et fière de ma famille, fière de tous les combats que nous avons menés tous ensemble. Ça valait vraiment le coup de se battre ! Mon mari pleure, et moi aussi. On s'embrasse, on regarde fièrement nos enfants, car on va enfin rentrer à la maison en famille, tous les quatre.

Avant de partir, j'écris sur un tableau un petit mot pour remercier tout le service de l'hôpital, toutes les personnes qui ont été là. Il est maintenant temps pour nous de rentrer à la maison et d'aller présenter Leewane à sa famille.

Sur le trajet, je parle beaucoup à Maylone : je lui explique qu'il va devoir être un super grand frère pour sa petite sœur et prendre soin d'elle, car maintenant, c'est un grand garçon, et que c'est Leewane le bébé.

Dans la voiture, il ne fait que la regarder, et il me dit : « Chut, bébé dort, dodo la sœur. » On arrive à la maison. Mes beaux-parents Vincent et Guylaine sont là, heureux de rencontrer Leewane. Guylaine la prend dans ses bras pendant que mon beau-père Vincent joue avec Maylone. On veut toujours éviter qu'il se sente délaissé. Tout se passe à merveille, et mon fils n'est absolument pas jaloux, bien au contraire.

# S'ADAPTER À LA NOUVELLE ARRIVÉE !

Comme d'habitude, Maylone prend son bain. On lui fait le gâté du soir, et on le borde, mais pour la première fois, il fait un bisou à sa sœur et lui dit : « Bonne nuit Leelee » avant d'aller lui-même se coucher. Thibault et moi avons les larmes aux yeux, nous sommes si fiers. Maintenant que notre grand est couché, il nous reste à préparer les biberons et les dosettes pour la nuit. Nous sommes très bien organisés : Thibault donne soit le premier biberon, soit le deuxième, mais quoiqu'il arrive, on est toujours là pour s'entraider et se soutenir, surtout que la fatigue est vraiment présente en ce moment.

Les nuits sont compliquées. Heureusement que les grands-parents sont là le matin pour s'occuper de Maylone. Je culpabilise, et je me rends compte que je suis tellement exténuée que je n'ai plus assez d'énergie pour m'occuper de mon fils. J'ai à nouveau l'impression de le délaisser. J'essaye vraiment de tout donner, de faire le maximum, de poser Leewane et de jouer avec lui dès que je le peux, mais cela n'a rien à voir avec tout le temps que je lui consacrais avant.

Le 2 août, une grande discussion a lieu à la maison. Ça finit en craquage général, tout le monde pleure ! Moi parce que j'ai l'impression de moins m'occuper de Maylone, et mes beaux-parents parce qu'ils s'occupent de tout et que durant mon hospitalisation, tout reposait sur leurs épaules.

Je suis en train de donner son biberon à Leewane quand je sens qu'il faut que je la change. Mais quand je la pose sur la table à langer, je vois d'un coup son visage changer de couleur :

elle a du mal à respirer. J'ai l'impression de revoir Maylone quand il est devenu bleu.

Je panique, je stresse, je me mets à crier : « Leewane, Leewane ! » Je suis stressée, mais je l'attrape contre moi, j'essaye de voir si elle respire. Thibault arrive et nous sommes tétanisés. Leewane reprend finalement sa respiration, et je comprends que si je ne l'avais pas prise à ce moment-là, si je ne l'avais pas regardée, elle serait peut-être morte étouffée !

Est-ce qu'on va revivre les mêmes choses qu'avec Maylone ? Je me suis vue la réanimer, je me suis vue revivre ces moments où j'ai eu si peur, les massages cardiaques et les insufflations.

Je lis du désespoir dans le regard de Thibault. Je décide d'appeler Audrey pour lui raconter ce qu'il s'est passé. Elle m'explique que ce sont des choses qui peuvent arriver. En fait, si Leewane a fait un rejet, c'est tout simplement parce que je lui ai levé les jambes et que le lait est remonté. Elle me rassure et me dit de ne pas m'inquiéter. Elle me dit aussi que Leewane, ce n'est pas Maylone, qu'elle n'a pas de trachéomalacie, et que ça ne peut pas se fermer au niveau de l'œsophage ou de la trachée. Au bout de vingt minutes de conversation, je me sens rassurée. Heureusement qu'Audrey est toujours présente pour nous.

En cas de petit rejet, d'étouffement, je sais ce qu'il faut faire, bien sûr : prendre le nourrisson sur l'avant-bras, tête vers le bas, et taper dans le dos. Les gestes de premiers secours, je les connais tellement bien, je ne les oublierai jamais. Tous les six mois, je revérifie mes connaissances pour qu'elles restent bien dans ma tête et que je puisse reproduire les gestes en cas d'incident.

Ma fille fait des petits bruits durant toute la nuit. Alors, forcément, toutes les deux secondes, je vais voir ce qu'elle fait, si elle respire. Il y a aussi les biberons et les rots. Les nuits sont courtes, et je suis complètement à fleur de peau. Je suis capable de pleurer pour un rien. Il suffit que je lise un commentaire sur les réseaux sociaux me disant que je délaisse mon fils pour que je craque ! Je me sens quand même moins seule grâce aux mamans qui me racontent qu'elles ont vécu la même chose et que c'est normal, qu'il faut toujours un temps d'adaptation. En plus, comme je viens d'accoucher, mes hormones chutent, et je suis en pleine dépression post-partum.

Mes parents arrivent en renfort le 3 août pour nous aider, mais surtout pour rencontrer leur petite-fille. Mes beaux-parents rentreront ensuite chez eux, car ma belle-mère doit reprendre le travail, sa semaine de congé est terminée. Heureusement que les grands-parents sont là.

Ça me fait réaliser toute la chance que j'ai eue de vivre cette épreuve en étant entourée de mes proches. J'y vois un signe du destin, qui fait toujours bien les choses. Nous devons prendre la vie comme elle vient, et finalement, elle a été plutôt bien faite. Je ne regrette absolument pas d'avoir accouché en France.

Je décide de partager ma vraie vie sur les réseaux, que ça soit en bien ou en mal, car je ne veux pas montrer une vie de rêve qui ne serait pas la réalité. Nous vivons tous et toutes des épisodes plus difficiles que d'autres, et je trouve important de montrer que nous sommes comme tout le monde et que parfois, c'est dur pour nous aussi.

# CONCLUSION

Voilà, je vous ai tout dit, ou presque, sur ces quatre années entre notre arrivée à Dubaï et la naissance de Leewane, notre petite merveille.

Dans mon précédent livre, je vous parlais de mon enfance, de la téléréalité, de la chirurgie esthétique, des violences que j'avais subies de la part d'hommes avec qui j'étais, mais ici, c'est surtout grossesse et maternité ! Je ne pense pas que je l'aurais écrit si je n'avais pas eu autant de difficultés à avoir les deux enfants dont je rêvais. Que ce soit pendant la grossesse, leurs problèmes de santé ou les problèmes dans notre couple, tout ça a profondément marqué ma vie, nos vies, et a forcément changé aussi nos personnalités.

En écrivant ce livre, j'ai voulu partager avec vous la réalité de tout ça. Vous me connaissez, je suis très directe, très cash. Je n'ai pas voulu déguiser ou embellir la réalité. Oui, il y a eu beaucoup de moments absolument fantastiques, qui ne ressemblent à rien d'autre : celui où l'on découvre que l'on est enceinte, par exemple ; quand on partage cette nouvelle avec ceux que l'on aime ; et puis aussi, bien sûr, la naissance d'un bébé qui vous bouleverse comme rien d'autre. Bien sûr, je voulais vous raconter tout ça comme je le fais si souvent sur les réseaux sociaux.

Mais il y a eu aussi des moments très difficiles pour moi, pour Thibault, pour notre couple, pour Maylone, vous l'avez compris. Je voulais aussi partager ça avec vous, y compris les photos, parce que je n'aime pas que l'on caricature notre vie comme un conte de fées. Bien sûr, ça y ressemble par certains côtés : le confort matériel dont nous disposons, le beau temps presque tout le temps, nos beaux voyages, etc. Mais il y a aussi les autres aspects, tellement moins glamour, tellement plus durs : la notoriété, qui fait que certaines personnes ne nous respectent même plus, le fait de devoir nous cacher si souvent. Vous avez vu comme ça peut être brutal, parfois.

Et puis, il y a aussi les galères que rencontrent tant de gens dans leur vie et dont on ne parle pas quand on est connus. Pourquoi on n'en parlerait pas ? Pour faire croire que tout va toujours bien ? Et qui ça aide, ça ? Moi je dis les choses comme elles sont : mes angoisses, nos difficultés pour avoir un enfant, les galères de la grossesse, de la naissance, le babyblues, le corps qui se déforme, le couple qui bat de l'aile, la maladie, gérer deux enfants en même temps, etc.

Tout ça, vous êtes nombreux et nombreuses à l'avoir vécu, et chaque fois que vous avez partagé le souvenir de ces galères avec moi, ça m'a fait beaucoup de bien. Alors, pour moi, c'est la moindre des choses que de partager les miennes avec vous pour vous dire ce qu'il s'est passé et comment on s'en est sortis. Peut-être que cela pourra aider d'autres gens, et rien que pour ça, j'avais envie d'écrire ce livre.

Et aussi je voulais vous dire ceci. Quand j'étais gamine, je n'ai pas beaucoup lu de livres. Vraiment pas beaucoup. Je crois que le premier que j'ai lu du début à la fin et sans y être obligée, c'était mon premier livre *C'est tout moi !*. Mais du coup, j'ai pris goût à l'écriture. Ce livre que vous tenez entre les mains, au départ, c'était mon journal, que j'ai écrit quasiment tous les jours. En l'écrivant, je pensais à vous. Je pensais bien qu'un jour j'en ferais un livre qui parlerait de ce que j'ai vécu en tant que femme, mère, un livre qui me rapprocherait de tant de femmes parmi vous qui ont vécu des choses semblables. J'ai aimé écrire en sachant que c'était autant pour vous que pour moi.

Alors, merci pour tous vos messages qui m'ont fait tant de bien. Merci de m'avoir suivie et accompagnée pendant ces quatre ans, pendant ces épreuves.

Au moment où je termine ce livre, nous déménageons dans notre nouvelle maison qui, elle, nous appartient vraiment. C'est le début d'une autre phase de notre vie à tous les quatre. Tout va bien aujourd'hui. Nos deux enfants sont en très bonne santé, comme vous pouvez le voir sur les réseaux. On vérifie tous les six mois à l'hôpital que l'atrésie de Maylone se résorbe bien mais ce sont des visites de routine. Notre couple va très bien aussi et nous sommes sortis renforcés de toutes ses épreuves. En plus de notre maison à Dubaï, nous avons notre maison dans le Sud de la France et j'ai aussi pu loger mes parents et mes frères. C'était le but de ma vie, avec le fait d'avoir de beaux enfants et un super mari. J'ai tout ça aujourd'hui et ça fait de moi une femme heureuse. Je vous souhaite à toutes et à tous de vivre votre rêve, vos rêves.

# LE POINT DE VUE DE THIBAULT

Avoir une famille, ce n'était pas une évidence pour moi. Avant Jessica, je suis sorti pendant quatre ans avec une autre femme. À cette époque-là, je voulais juste vivre ma vie, j'étais un peu égoïste. Je ne me voyais pas m'occuper de quelqu'un, ni accorder une partie de mon temps à un enfant. Et en fait, c'est venu petit à petit : j'ai eu une révélation, et je ne le regrette absolument pas !

Déjà, pourquoi avoir un bébé ? Un enfant, c'est la continuité de la vie. Tu es en couple, tu es bien, tu as profité, tu as kiffé. On vit ensemble, on travaille ensemble, on dort ensemble, on fait tout ensemble. Et puis, au bout d'un certain temps, tu as ce sentiment qu'il manque quelque chose. Un enfant, c'est la continuité logique du couple. C'est donner la vie et remplir ton rôle sur cette terre. Je vois ça comme une mission de Dieu. Je n'étais pas spécialement croyant avant, mais je le suis de plus en plus. J'ai l'impression que le bien est récompensé et que le mal est puni. Je l'observe autour de moi, alors ça me fait penser qu'il y a quelque chose qui nous dépasse, une force supérieure.

Avec Jess, j'ai compris dès le début de la relation qu'on était connectés tous les deux, qu'on avait le même feeling. Je me suis dit : « C'est elle. » On a profité de notre jeunesse, et après, on a eu envie de fonder notre famille, c'était logique pour moi. Le jour où on s'est vraiment décidés et qu'on était prêts tous les deux, on a arrêté les moyens de contraception, et on s'est dit : « On y va. » Ça a mis pas mal de temps à donner le résultat qu'on attendait, donc on était un peu stressés. Après, on a commencé à ne plus trop y penser, et c'est là que c'est arrivé.

Quand Jessica m'appelle pour me dire qu'elle est enceinte, ma première réaction, c'est de lui demander qui est le père ! À ce moment-là, je suis en Thaïlande, et si je ne suis pas là au moment où elle découvre sa grossesse, c'est que ce n'est pas moi le père puisque dans ma tête, c'était immédiat. Je ne sais pas pourquoi j'ai réagi comme ça. Ça m'a fait bizarre, et je n'ai pas réfléchi. J'étais partagé entre la joie et l'incompréhension. Il y a trop de choses qui se sont bousculées dans ma tête et m'ont fait dire n'importe quoi. Heureusement, plus le temps passait, et plus je comprenais qu'on allait avoir un enfant. Un premier enfant, c'est l'inconnu. Ta vie va changer, tu te rends compte que tu vas vivre avec la même femme toute ta vie. Est-ce que ça va aller ? Est-ce qu'on va bien s'en occuper ? Beaucoup de questions se posent, beaucoup de stress aussi. C'est une sensation bizarre.

D'un coup, Jessica est devenue encore plus chère à mes yeux que ce qu'elle était déjà, car elle allait devenir la mère de mon enfant. Les changements de son corps pendant la grossesse, ça n'a rien changé pour moi. D'ailleurs, ce n'est que lorsque je revois les photos des dernières semaines avant la naissance de Maylone que je me rends compte qu'elle était un peu bouboule. Mais comme je vis 24h/24 avec elle, je n'ai même pas vu cette transformation. En même temps, ce n'est pas comme si elle avait pris 56 kilos, mais même si elle les avait pris, ça ne m'aurait pas dérangé. Après, si elle ne les avait pas perdus, là, oui, ça m'aurait posé un problème. Mais je connaissais son état d'esprit, et donc je savais qu'elle allait les perdre immédiatement.

Dans la vie, il y a des hauts et des bas. Avec l'alitement de Jess, on a connu une période difficile, mais je me suis tout de suite dit que si ma femme devait rester au lit et ne plus bouger, moi, je devais jouer mon rôle de mari à fond. Je m'occupais déjà de pas mal de choses avant, mais là, c'était encore plus le cas. Je lui faisais à manger matin, midi et soir, je lui ai acheté un très bon matelas, j'ai installé sa chambre dans le salon pour être sûr qu'elle soit bien, que ce soit facile pour moi et qu'on soit plus proches. Il fallait simplement s'adapter, et on l'a fait, comme on l'a fait ensuite pour Leewane quand on avait mis son lit sur la terrasse.

Moi, à la base, je n'aime pas trop rester chez moi : j'ai besoin de sortir, alors que ma femme, elle, est très casanière. Donc, chaque fois que l'on a appris qu'elle allait devoir rester alitée, je me suis dit que ça allait être bien long. Finalement, ce fut quand même quatre mois pour la première grossesse et trois mois pour la deuxième… On s'est occupés comme on a pu. Je me suis acheté un vélo d'intérieur pour pouvoir faire du sport tout en regardant *Prison Break*. Je faisais aussi une heure de sport à l'extérieur parce que j'ai besoin de sortir. Mais à part ça et une chicha de temps en temps, j'évitais les sorties.

Chaque fois que je sortais, je vérifiais que Jess avait bien tout ce dont elle avait besoin. Pour la deuxième grossesse, c'était très différent, car il y avait notamment ses parents à la maison, et donc je me suis lâché un peu plus. Ils étaient là pour leur fille, et on l'a aidée tous ensemble.

Pour la naissance de Maylone, dès que Jessica a perdu les eaux dans la nuit, eh bien, bizarrement, moi qui suis habituellement angoissé et stressé, sur le coup j'étais hyper calme. On s'est dit : c'est l'heure, on a pris une douche, je me suis coiffé, j'ai pris le temps de me préparer, j'ai mis mon petit ensemble. Je voulais avoir belle allure pour mon fils. Dans la voiture, on s'est mis un peu de Bob Marley en mode détente. On ne roulait même pas vite. Quand on est arrivés là-bas, tout s'est passé comme prévu, tranquille. J'ai commandé des repas qui ont été livrés à l'hôpital. En fait, je me faisais livrer tous les matins une glacière dans laquelle il y avait mes repas pour la journée :

le petit-déjeuner, le snack, le déjeuner et le dîner. Vraiment, tout était bien organisé, et du coup je n'ai jamais calculé mes apports quotidiens en calories.

Quand je suis remonté, il y avait beaucoup d'agitation dans la chambre. J'ai quand même mangé mon repas, et Jessica a accouché très rapidement après. Heureusement, j'étais dans les temps ! Je tenais sa tête dans mes mains, je la regardais dans les yeux. Jessica m'avait interdit de regarder en bas, alors forcément, ça me donnait encore plus envie d'aller voir ! Et là, le bébé sort, et c'est une sensation inconnue, incroyable ! Je suis très ému, et les larmes coulent sur mon visage. Je suis si heureux, je le regarde et je me dis : « C'est mon fils. » La deuxième fois, pour la naissance de Leewane, il y avait aussi beaucoup d'émotions, bien sûr, mais ce n'était plus l'inconnu, je savais déjà ce que c'était. Et je ne sais pas pourquoi, plus j'avance en âge, et moins je suis sensible. Avant, je pleurais pour tout, alors que ce n'est plus le cas maintenant, je n'arrive pas à l'expliquer.

Pendant les jours qui ont suivi la première opération de Maylone, on a réadapté notre vie. On avait des horaires très réguliers : Jessica passait la journée sur une chaise à côté de la caisse du petit, car il n'y avait pas de lit. Moi, je faisais ma petite heure de sport quotidienne parce que j'avais besoin de m'évader et je la rejoignais ensuite. On passait des heures assis, à attendre. Ça a duré vingt et un jours. Chaque jour, on mettait une musique le matin, une spéciale, c'était notre rituel. Il y a deux musiques qui nous font penser à ce moment-là : *Memories* de Maroon 5 et *Ride it* de Regard. Maylone était tellement calme. Tous les jours, ils enlevaient un nouveau tube, et ça nous rendait heureux. On lui enlevait le drain, puis la sonde urinaire… Il y avait tellement de tuyaux… Au moins une dizaine, il en avait partout…

Mais on n'avait pas encore vécu le pire. Le moment le plus atroce de tous, c'est au restaurant quand Jessica me dit d'un coup : « Je crois que Maylone ne va pas bien, il s'étouffe. » Jessica vous a raconté comment ça s'est passé à ce moment-là et je ne vais pas vous le répéter.

Je m'en souviendrai toute ma vie, on s'est serrés fort dans les bras, pensant qu'on allait perdre notre enfant. Mais quand on a entendu Maylone pleurer, on a su qu'il était sauvé !

Ce jour-là, j'ai recommencé à fumer alors que j'avais arrêté depuis plus d'un an. Plusieurs cigarettes d'affilée. Comme il est resté inconscient plus de deux minutes, on s'est demandé s'il allait avoir des séquelles, mais non, heureusement, il n'a rien eu. Je crois qu'on a eu beaucoup de chance. En tout cas, si Jessica n'avait pas réussi son massage cardiaque, Maylone serait mort ou bien gravement handicapé.

Un mois et demi plus tard, ça recommence. Cette deuxième alerte était aussi stressante mais plus courte que la première fois. Sauf que, après ça, chaque biberon me stresse, et il y en a six par jour… On devient prisonniers de la santé de Maylone parce qu'on ne fait confiance à personne, et moi, je veux que Jessica soit tout le temps là. Si elle n'est pas là et qu'il fait un arrêt respiratoire, je ne vais rien pouvoir faire, et donc c'est foutu pour mon fils et par extension pour moi. Je me dis que je ne vais pas pouvoir prendre le petit jusqu'à ce qu'il ait 20 ans ! C'est difficile d'imaginer à quel point ça peut être stressant… C'est pour ça que j'ai des cheveux blancs. Mon père les a eus à 60 ans ; moi, je vais les avoir à 35 ans !

Surtout qu'en plus de tout ça, il fallait aussi qu'on arrive à se retrouver en tant que couple, et ça n'était pas gagné ! Trouver le juste milieu entre le rôle de parent et celui de mari, ce n'est pas évident. C'est pour cela que beaucoup de couples divorcent après avoir eu des enfants. Moi, j'en ai voulu à Jess, je me suis senti seul. Je pense qu'à ce niveau-là, les hommes et les femmes sont différents. Un homme a toujours envie, c'est très rare que la libido s'en aille comme ça, alors que Jess n'avait jamais la tête à ça : elle s'occupait tout le temps des enfants, elle me disait qu'elle était fatiguée… Elle n'avait plus aucune libido, et donc je me suis senti trahi. Régulièrement je lui faisais des reproches, au point parfois de lui dire des paroles un peu blessantes du genre : « Si tu ne me donnes pas ce que je veux, je vais aller voir ailleurs » (ce que, bien sûr, je ne ferai pas !). Ce sont des mots violents, un peu comme pour lui donner des électrochocs. Sauf que ça ne fonctionnait pas… Je suis à un âge où je sais que je plais, et c'est très frustrant de ne plus avoir d'intimité avec sa propre femme.

Tout ce qu'on a traversé, ça m'a fait énormément réfléchir. Je crois beaucoup au karma, alors je ne comprenais pas pourquoi toutes ces choses horribles m'arrivaient à moi. Pourquoi nous ? Nous ne sommes pas de mauvaises personnes, j'ai toujours essayé de faire le bien autour de moi, donc c'était incompréhensible. En fait, avec le recul, j'ai compris qu'à chaque fois, nos mésaventures avaient une fin heureuse. Je vois ça comme une leçon pour nous rappeler que la vie est belle, mais qu'elle n'est pas facile pour autant. Il y a des gens pour qui c'est pire, donc on relativise beaucoup. Quand je regarde notre vie maintenant, je vois mes enfants qui sont là, qui courent autour de nous, donc ça va, on s'en sort plutôt bien. J'espère que dans dix ans, ma vie sera la même qu'aujourd'hui, sauf que mes enfants seront plus grands, bien sûr !

Parfois, je me dis même que c'est peut-être la faute des réseaux sociaux si nous avons eu autant de problèmes. À force de trop se montrer, on provoque la haine des gens, et leur mauvais œil finit par nous atteindre. Je le crois de plus en plus. Jessica suscite beaucoup de jalousie. C'est parfois difficile pour certains de comprendre l'engouement qu'il y a autour d'elle, alors qu'elle a commencé en même temps que les autres, de comprendre pourquoi c'est elle qui reste la vraie star. Je n'ai jamais provoqué autant de jalousie qu'elle, mais pourtant, j'en pâtis aussi. Ça fait dix ans que je suis là, mais je sais que je ne suis pas un candidat de folie que les gens n'oublieront jamais. En étant malin, j'ai réussi à y rester alors que d'autres, qui ont été plus cotés à un moment donné, sont retombés dans l'anonymat.

Pour moi, les réseaux, c'est un moyen génial de gérer un business, mais je n'aime pas me raconter ; je ne sais pas aussi bien le faire que Jessica, et je trouve que c'est trop souvent devenu un moyen de se comparer aux autres. Moi, je ne suis pas dans la concurrence. À l'école, quand il y en avait un qui était premier, j'étais content pour lui. Je ne me disais pas que j'allais tout faire pour le dépasser. Non, je serai deuxième si je le mérite ou troisième s'il le faut, ça m'est égal. Ce n'est pas parce qu'il est premier qu'il va faire plus ou mieux que moi, au contraire. Du coup, je me suis toujours mis en concurrence avec moi-même.

Aujourd'hui, je me sens un peu prisonnier des réseaux. Pas dans le sens où je suis obligé de poster et de montrer ma vie, mais dans le sens où je suis imprégné de ça. Je suis obligé de jouer le jeu, mais ça me pèse. J'aimerais poser mon téléphone et l'utiliser uniquement pour travailler. Ça fait dix ans qu'on est célèbres et que les gens savent toujours où on est, ce qu'on fait… Ça devient vraiment intrusif, mais après, c'est aussi nous qui l'avons voulu. Je sais bien que la vie que nous menons aujourd'hui, c'est aussi grâce à ça. D'un côté, une partie de moi a envie de tout lâcher, de tout abandonner, mais une autre partie de moi sait que ça reviendrait aussi à avoir moins de revenus… Et quand tu t'habitues à un certain niveau de vie, c'est dur de revenir en arrière, même si je sais que pourrais le faire. C'est un cercle vicieux.

Je pense que toutes ces épreuves ont permis de renforcer mon couple. C'est certainement parce que Jessica et moi, on est très complémentaires : chacun a beaucoup aidé l'autre dans les épreuves. Il y a eu des moments où j'étais en mode panique, et c'était elle qui assurait ; d'autres fois, c'était le contraire. C'était un effet de balancier qui a donné de l'équilibre à notre couple.

Mes parents ont aussi énormément souffert des problèmes de nos enfants. Ils nous voyaient en galère… C'était difficile pour eux. Tous les mois, on les appelait et on leur disait : « Nous sommes encore à l'hôpital. » À chaque fois, ils pleuraient. Ils se sentaient totalement impuissants. C'était déjà dur de ne pas beaucoup nous voir et d'être si loin de nous…

Aujourd'hui, tout est rentré dans l'ordre. Nos deux enfants vont bien, nous avons emménagé dans notre propre maison à Dubaï, nos familles sont heureuses, et nous aussi. On voit bien avec la pandémie de Covid et la guerre en Ukraine que les choses peuvent parfois changer tout notre environnement, alors on essaye de profiter de notre vie et de protéger ceux qui nous sont chers. Pour le moment, Jessica et moi y sommes bien parvenus, malgré toutes les épreuves. On continue.

# REMERCIEMENTS

Je voudrais remercier d'abord mon Thibault, mon homme, mon mari, pour tout ce qu'il m'a donné pendant ces quatre années, même quand j'étais si difficile à vivre. Un homme comme ça, qui a toujours été patient, aux petits soins et qui s'occupait de tout quand je n'en pouvais plus, c'est tellement rare. J'ai une chance folle de t'avoir. Je t'aime.

Merci à vous deux, Maylone et Leewane. Peut-être qu'un jour, vous lirez ce livre à votre tour. J'espère qu'il vous aidera à comprendre combien je vous aime et combien votre présence dans ma vie est le plus beau des cadeaux.

Merci aussi à mes parents, Colette et Christian, et à mes beaux-parents, Guylaine et Vincent, qui ont toujours su être là pour nous aider quand on n'y arrivait plus, et pour nous remonter le moral quand ça n'allait plus du tout.

Merci à nos frères, celui de Thibault, Quentin et sa femme Julie et les miens, Logan et Bradley. La famille, ça compte plus que tout.

Merci à nos amis qui se sont relayés pour nous soutenir et nous tenir compagnie quand je ne pouvais pas bouger. En particulier merci à Djamel, Julie et son mari Alex, Damien et Laetitia, Stéphanie et Théo, Flo, Benji, Seb et Stéphanie, Julie et Fred, etc.

Merci à Sophie et son mari Fabrice, à l'équipe de pompiers du Var et à toute l'équipe de l'hôpital Sainte-Musse de Toulon.

Merci à tout le personnel soignant des hôpitaux de Dubaï et de France qui nous ont tellement bien aidés et soignés. Mention particulière à Audrey, qui était toujours là quand j'avais besoin d'elle, ainsi qu'à Élie, qui me donnait toujours confiance quand je doutais de tout.

Merci à toute l'équipe Banijay qui a toujours pris de mes nouvelles.

Merci enfin à Pierre Servan-Schreiber, mon Pierro, que je connais depuis que je suis toute petite. C'est mon avocat, mon conseiller mais aussi mon éditeur qui m'a beaucoup aidée pour que ce livre et le précédent existent.

Merci aussi à l'équipe de femmes dont il s'est entouré pour réaliser ce livre : Anne-Sophie, Valérie, Yamina, Astrid, Pénélope. Je vous embrasse toutes.

Merci aussi, bien sûr, à vous toutes et à vous tous qui m'avez soutenue et réconfortée tant de fois au cours de ces nombreuses épreuves.

Je sais ce que je vous dois.

Je vous aime.

# TABLE DES MATIÈRES

*Composition et mise en pages*
*Nord Compo à Villeneuve-d'Ascq*